情感分析的系统功能语言学路径研究

张军锋　著

西北工业大学出版社

西安

【内容简介】 情感分析是理论语言学关注的对象,也是自然语言处理的有机组成部分。如何深度、系统地认识人类语言中的情感,从而提高大语言模型的效度和泛化能力,是十分重要的课题。本书主要介绍系统功能语言学尤其是作为其人际功能研究新成果的评价理论对情感的理论观点,并据此提出依托语言研究范式,探索学科融合路径,建构能够识别更细微的情感极性的新模型。本书也将为多模态话语分析和批评话语分析纳入情感研究视野提供初步的探索。

本书可作为高校英语及相关语言专业教材,也可供从事自然语言处理和理论语言学研究的教师及从业人员阅读和参考。

图书在版编目(CIP)数据

情感分析的系统功能语言学路径研究 / 张军锋著.
西安 : 西北工业大学出版社,2024. 11. — ISBN 978 - 7 -
5612 - 9579 - 3

Ⅰ. TP391

中国国家版本馆 CIP 数据核字第 2024TM1235 号

QINGGAN FENXI DE XITONG GONGNENG YUYANXUE LUJING YANJIU

情 感 分 析 的 系 统 功 能 语 言 学 路 径 研 究
张军锋 著

责任编辑:隋秀娟		策划编辑:倪瑞娜	
责任校对:马婷婷		装帧设计:高永斌 李 飞	

出版发行:西北工业大学出版社
通信地址:西安市友谊西路 127 号   邮编:710072
电   话:(029)88491757,88493844
网   址:www. nwpup. com
印 刷 者:西安五星印刷有限公司
开   本:787 mm×1 092 mm   1/16
印   张:8.5
字   数:212 千字
版   次:2024 年 11 月第 1 版   2024 年 11 月第 1 次印刷
书   号:ISBN 978 - 7 - 5612 - 9579 - 3
定   价:54.00 元

前　言

情感是人类经验的核心组成部分,涵盖了情绪、感受和心情等方面。情感分析在构建和解读话语时起着至关重要的作用,与语义研究和翻译密切相关,是语言学研究不可或缺的内容,同时也是自然语言处理中的重要分支。本书旨在通过将系统功能语言学的理论思想和研究方法应用于情感分析,开辟出一条新的研究路径。系统功能语言学的核心理念在于语言是社会交往的工具,通过对语言的功能性和系统性的探讨,可以揭示语言在不同语境中的多层次意义生成机制。因此,将系统功能语言学引入情感分析领域,不仅能够提升情感分析的理论深度,还能为实际应用提供新的方法论支持。

在过去的几十年中,情感分析逐渐成为自然语言处理领域的研究热点。情感分析,即情绪计算或情绪挖掘,旨在通过分析文本或其他形式的数据,识别并提取其中的情感信息。这种分析广泛应用于市场分析、用户评价、社交媒体监控等领域。然而,现有的情感分析方法多集中于计算方法和统计模型,缺乏对语言现象的深入理解和解释。因此,将系统功能语言学的理论和方法应用于情感分析,通过语言学的视角,可以弥补这一不足,提升情感分析的准确性和解释力。

本书共分为8章,从情感的内涵与外延、理论基础、研究设计、情感分析及其新领域、挑战与限制等方面展开论述。每一章都紧密围绕着系统功能语言学与情感分析的结合展开,力求在理论深度和实践应用上有所突破。

第1章"引论"主要厘清了情感的概念,并通过对现有文献的综述,分析了当前情感分析领域存在的问题。在现有的情感分析研究中,情感常被视为一种主观体验,难以量化和客观描述。传统的情感分析方法多依赖于词典和情感分类器,忽视了语言的多层次和多功能性,导致分析结果往往不够准确和全面。在此背景下,本章提出了系统功能语言学在情感分析中的应用价值,指出系统功能语言学通过关注语言的功能性和语境适用性,可以为情感分析提供新的理论框架和方法。本章还阐述了本书的研究目的,即通过将系统功能语言学的理论和方法应用于情感分析,构建一种新的情感分析模型,提升情感分析的准确性和解释力。

第2章"理论基础"介绍了系统功能语言学的核心思想,为情感分析提供了理论资源。系统功能语言学由韩礼德(M. A. K. Halliday)创立,其核心思想是语言的三大元功能:概念功能、人际功能和语篇功能。概念功能关注语言如何表达人们对现实世界的认知,人际功能关注语言在社会交往中的作用,语篇功能则关注语言在特定语境中的组织和连贯性。本章详细介绍了这三大元功能及其在语言分析中的应用,并探讨了它们在情感分析中的潜在价值。通过引入系统功能语言学的元功能理论,可以更全面地理解情感在语言中的多层次表达,提升情感分析的准确性。

第3章"功能情感论"在概述主流研究方法和主要场景的基础上,提出了情感分析的新主张。将情感视为语义资源的一部分,并在理论语言学研究的框架下进行全方位描述。传统的情感分析方法多依赖于情感词典和分类器,忽视了语言的多层次和多功能性,导致分析结果往往不够准确和全面。本章提出,从功能、评价和语篇三个理论角度对情感现象进行解构,可以为情感分析提供新的视角。通过引入功能语言学的理论,可以更全面地理解情感在语言中的多层次表达,提升情感分析的准确性。

第4章"面向模型的情感观"在功能情感论的基础上,探讨理论语言学和计算语言学的结合。根据系统功能语言学的适用思想,提出新的以语言学为核心的情感模型建构思路。新的情感分析模型应体现语境的敏感性、情感的功能性、分析的系统性、单位的延展性、路径的多元性、模型的鲁棒性以及预处理的重要性。通过引入系统功能语言学的理论,可以为情感分析提供新的理论框架和方法,提升情感分析的准确性和解释力。

第5章"研究设计"部分根据前三章内容,具体探讨了系统功能语言学情感分析模型的设计思路、研究假设、研究方法、分析流程、语料和数据集等方面。本章还介绍了传统情感分析方法及新方法对其的改进,并对相关分析工具和混合方法的采用进行了探索性说明。通过详细的研究设计,可以为后续的情感分析提供清晰的路径和方法,确保情感分析的科学性和可靠性。

第6章"基于系统功能语言学的情感分析"是实际操作部分。结合研究设计部分的内容,通过例证进一步探讨了新的情感分析模型建构过程中对于综合路径、细微情感识别和情感极性鉴别的实践方法。通过实际案例的分析,验证了系统功能语言学在情感分析中的应用效果,展示了新的情感分析模型的实际操作方法和步骤。

第7章"情感分析新领域"试图对新的情感分析方法进行一定程度的泛化,将其应用扩展到目前尚属稀缺的领域,主要包括多模态情感分析、面向属性的情感分析、话语立场分析和情感原因推理,进一步深化系统功能语言学视角下的路径研究。通过将系统功能语言学与情感分析的新领域结合,可以拓展情感分析的应用范围,提升情感分析的全面性和准确性。

第 8 章"结语与讨论"在概括和回顾全书观点的基础上,强调了系统功能语言学用于情感分析的比较优势,讨论了理论语言学在情感分析中的适用性,提出了在继承传统方法基础上实现超越和创新的路径。同时,探讨了本书提出的研究路径的价值,并展望了未来的发展方向。通过对全书的总结和反思,可以为后续研究提供新的思路和启示,推动情感分析领域的发展。

本书旨在为语言研究者提供一种跨学科的研究思路,为进行情感分析研究与实践的学者和从业者提供新的研究视角和方法论,以期推动情感分析跨学科融合的发展。通过将系统功能语言学的理论和方法引入情感分析,可以为情感分析提供新的理论框架和方法,提升分析的准确性和解释力。希望本书的研究能够为情感分析领域的发展提供有益的启示和帮助。

著　者

2024 年 5 月

目　　录

第1章 引 论

　　情感是人类独有的一种复杂心理活动，是人们在认知和评价客观事物时产生的态度体验，这种体验通常与个体的生理需求或心理状态有关，伴随着特定的认知和情绪过程。它可以是积极的，如喜悦、爱和兴奋；也可以是消极的，如悲伤、愤怒和恐惧。情感在人类行为、决策和社会交往中扮演着重要角色。在语言层面，情感的表达是人类语言最基本的功用之一。在自然语言处理领域，情感则是指某个语篇中的观点持有者对某一话题所表现出的态度或情绪倾向性，大多数学者［典型的如万卡德（Wankhade）、梅赫布（Mehboob）等］在使用这个术语时，既指"情绪"，也指"情感"[1,2]。

　　情绪对应的英文单词是"emotion"指的是"一种有意识的心理反应（如愤怒或恐惧），主观上经历为强烈的感觉，通常指向一个特定的对象，通常伴随着身体的生理和行为变化"①，是一种短暂的，通常是强烈的心理状态，它可以是积极的，也可以是消极的。情绪通常与情感表达的词语、语法结构和语调等语言特征相关。因此，在语言分析中，人们往往通过研究词汇选择、感叹句的使用、语气词的运用等来揭示说话人的情绪状态。情感对应的英文单词是"sentiment"，意指"由感觉或情绪引起的态度、思想或判断"②。它更多地与个体的长期态度、信念和价值观相关。它是一种较为稳定和持久的心理状态，通常涉及对某人、某物或某种情况的评价和偏好。

　　可以看出，情绪更多地关注个体对即时刺激的生理和心理反应，而情感则与个体的长期态度和评价相关。在语言学中，情绪分析侧重于理解语言表达中的即时情绪状态，而情感分析则关注于揭示文本中的长期情感倾向。这两个概念在语言学研究中都非常重要，因为它们帮助我们更好地理解语言如何反映和塑造人类的情绪和情感体验。在本书中，我们把"情绪"和"情感"统称为情感，将其视为人类语义的一个有机组成部分，探究其在社会-语言层面的体现。

　　正是在这个意义上，情感可以分为"显式情感"和"隐式情感"，前者可以通过词语或特征进行识别，而后者则与语境紧密联系，只能通过文化习俗和互文来进行解构。

---

　　① "a conscious mental reaction (such as anger or fear) subjectively experienced as strong feeling usually directed toward a specific object and typically accompanied by physiological and behavioral changes in the body"，参见《韦伯斯特辞典》（2024 在线版）"emotion"词条。Merriam-Webster. com Dictionary，Merriam-Webster，https：//www. merriam-webster. com/dictionary/emotion. Accessed 9 Jun. 2024.

　　② "an attitude, thought, or judgment colored or prompted by feeling or emotion"，参见《韦伯斯特辞典》（2024 在线版）"Sentiment"词条。Merriam-Webster. com Dictionary，Merriam-Webster，https：//www. merriam webster. com/dictionary/sentiment. Accessed 9 Jun. 2024.

如果说,计算语言学中的情感分析使用自然语言处理和文本分析技术来识别和提取文本数据中的主观信息,以判断说话人对某个话题、产品或服务的情感倾向(积极、消极或中性),本书所探讨的是情感,尤其是隐式情感,在人类语言中如何存在及如何从语篇中对其进行识别。

就其应用而言,随着社交媒体的指数级增长,情感分析的可用性持续增加,已成为理解商业、政治等各个领域的评论文本的重要工具。在以 ChatGPT(Chat Generative Pre-trained Transformer,美国人工智能研究中心研发的聊天机器人程序)为代表的大语言模型浪潮中,技术迭代,学科融合,与语义研究结合的情感研究逐渐普及了深度学习方法,其结果日益精准,不仅在识别与提取文本数据中的主观信息方面发挥着不可替代的作用,还逐渐被用在多模态分析上,其方法不断更新,其领域日益拓展。

1.1　文　献　综　述

情感分析这一术语最早出现在那须川(Nasukawa)和伊正熙(Yi Jeong-hee)的论文[3],是随着互联网的快速发展而不断深化的。刘兵作为情感领域的先行者,对情感分析包含多个子任务,如词汇、句子、篇章维度的情感分类、观点信息抽取、观点摘要、观点检索等进行了持续的探索、深刻的概括和总结。[4,5,6,7,8]陈迪等人在其研究中综述了论坛情感挖掘的现状与挑战,认为情绪分析涉及了语义分析、自然语言处理、概率统计、机器学习等领域的知识[9]。张宇通过分析 2011—2020 年间的核心期刊论文,总结了国内外情感研究的现状与趋势[10]。

李晶洁等人探讨了语义韵强度的精细测量问题,认为通过引入情感分析技术,可以更精细地分析语义韵强度,从而帮助研究者深入理解语境中的态度意义[11]。余本功和曹成伟提出了一种新的特征级情感分析模型,通过位置赋权可达矩阵和多空间语义信息提取,提高了情感分析的准确性[12]。严豫等人针对低资源场景下的情感检测问题,提出了一种融合大语言模型知识的对比提示情感分析方法。该方法在公开数据集上的实验结果优于基线方法,显示出较好的应用潜力[13]。吴旭旭等人提出了 RB-LCM 模型,通过多特征融合提升微博文本的细粒度情感分析效果。模型在多个数据集上的表现优于现有情感分析模型,但尚未结合图片、视频等多媒体信息[14]。李长荣和纪雪梅构建了一种领域情感词典,有效识别了网络舆论中的情感类型和强度[15]。

车思琪和李学沛运用情感词典和机器学习技术,对中美企业致股东信的情感话语进行了对比分析[16]。周红照针对情感分析中的噪声问题,提出了一种基于形式语义知识驱动的中文伪情感句智能识别模型[17]。该模型能够有效过滤不表达情感意义的伪情感句,提高情感句识别的准确率。张云中和李佳书探讨了媒体型智库在国际关系话题上的情感分析。通过构建国际关系情感词典,研究提供了评价媒体型智库舆论引导力的新视角[18]。王秀芳等人构建了一种基于话题聚类及情感强度的微博情感分析模型,有效提高了公众情感倾向预测的准确性[19]。

综上,近年来的情感分析领域的研究内容丰富多样,涉及情感挖掘、语义分析、评价理论等多个方面。研究方法不断创新,从基于词典的方法到机器学习和深度学习技术的应用,都在推动着情感分析技术向纵深发展。但也要看到,现有的情感分析方法在实际应用过程中仍面临着诸多挑战。首先是细粒度的观点和情感识别问题。情感的表达具有复杂性和多样性,同一情感在不同个体、不同文化背景下可能有不同的表达方式。因此,如何精确地识别和分类这些细微的情感变化是一个亟待解决的问题。此外,多义性和语境依赖性也是情感分析面临的一大难题。同一个词或短语在不同的上下文中可能具有不同的情感色彩和意义。因此,如何理解和分析词语在特定上下文中的真实含义是情感分析的关键所在。

从另一个角度分析,技术和功能主义的数字人文无法自动获得批判性的维度[20]。也就是说,无论是基于情感词典,还是基于语料库,一切基于语言形式描写的情感研究都无法揭示其作为人类语言现象的深层意义。这就需要从更为系统和深刻的角度探寻情感分析的理论路径,并在其基础上重新审视现有的方法。事实上,随着隐式情感分析近年来逐渐引起关注,已经有学者逐步向着这个方向迈进。

在情感分析领域,根据是否有明确的情感特征词,将情感分析任务划分为显式情感分析和隐式情感分析。在情感分析任务的实际应用中,显式情感仍然是日常生活中主流的分析场景,与情感相关的表述词在文本中是有标记的、可以形式检索的。而在较为正式的场景中,语言表达十分含蓄,例如,仅在英语中,文本类语句中的隐式情感语句在情感表达中的比例已经超过了 30%。要懂得该语言单位中的情感倾向,必须结合社会文化语境和语言功能[21]。针对这个问题,也有很多具有启发性的研究。如舒托娃(Shutova)等在词聚类的基础上,采用弱监督和无监督的方法来学习隐喻的分布信息,从而识别句子中的隐喻表达[22]。Xiang Chunli 等提出了一种基于注意力的神经网络模型从多个方面来识别隐式极性,而不是传统的注意力机制那样只关注句子的一个特定方面[23]。Zuo Enguang 等人结合隐式情感语句的完整语境提出了一种特定语境的异构化图卷积网络框架,通过上下文语义信息来提高隐式情感语句分析的准确性[24]。Li Zhengyan 等人引入了大规模的外部知识来研究基于方面的隐式情感分析任务[25]。陆靓倩等注意到,目前的隐式情感分析还处于起步阶段。隐式情感分析面临缺乏显式情感词、表达方式委婉、语义难以理解等问题,传统的情感分析方法如情感词典、词袋模型等难以生效。该文提出了一种结合文本、词性与依存关系的图神经网络模型来进行隐式情感分类。该模型在 SMP2021 隐式情感识别公开数据集上进行了多次实验,其结果证实了融合多种语言学特征的隐式情感分类方法具有可行性和有效性[26]。张小艳、闫壮认为隐式情感的推理应该是一个渐进的过程,逐步推断情感元素,最终以从容易到难的方式理解情感的极性,该文提出了一种融合大语言模型的三级联合提示隐式情感分析方法[27]。陈可嘉等针对当前句法关系研究存在过多考虑主谓关系、情感词识别能力有限、忽视隐式特征提取等方面的不足,提出一种基于句法规则与情感词的隐式特征提取方法。

尽管隐式情感分析在近年来取得了显著进展,但依然面临诸多挑战,这些问题不仅限制了情感分析的准确性和适用性,也揭示了当前方法在处理复杂情感表达时的局限性。现有的情感分析模型主要依赖于表面形式化的统计特征,难以深入理解文本的情感内涵。这样的分析方式忽视了文化语境、社会语境和互文等因素在情感表达中的重要作用,导致情感识别的准确性和深度大打折扣。这种局限性表明,单靠计算科学的方法进行情感分析是远远不够的,必须结合理论语言学的支撑,才能更准确、科学地分析和理解人类语言中的情感现象。

自然语言中的语类多样且复杂,不同文本的特征千变万化。社交媒体上的评论、跟帖、互文、隐喻和暗示等文本中,情感表达往往微妙而复杂。现有的情感分析模型在处理这类文本时,常常无法捕捉到其中隐含的情感表达,无法准确理解文本所传达的细腻情感。现有模型在处理复杂文本时的不足显而易见。而此时,理论语言学可以提供关于语境和互文的深入理解,帮助情感分析模型更准确地捕捉和理解文本中的情感表达。

其次,现有情感分析模型通常以区分积极、消极和中性情感为主要目标,但这种分类方式远远不能涵盖语言中情感的全部复杂性。情感具有多样性和细腻性,单纯的三分类模型难以捕捉到文本中更具体的情感类型和情感强度。例如,一项关于电影评论的研究发现,使用细粒度情感分类模型能够更准确地识别出观众的复杂情感,如快乐、悲伤、愤怒和惊讶等,这些情感类别的细化分析有助于更加全面和准确地理解情感内涵。而现有模型在这方面仍显不足,导致分析结果的精确度和细粒度不够,无法满足实际应用需求。理论语言学通过对情感词汇和表达方式的深入研究,可以为情感分析模型提供更多的情感类别和情感强度维度,从而提高分析的精确度和细粒度。

此外,当前的情感分析方法高度依赖标注数据集。由于自动标注方法尚不成熟,几乎所有数据集都需要手工标注,这不仅耗时耗力,还容易产生主观偏差和标注不一致。手动标注过程依赖于标注者的主观判断,不同标注者之间的理解和判断可能存在显著差异,导致标注数据的质量和一致性难以保证。标注者的主观偏差会严重影响情感分析模型的训练效果。理论语言学可以通过提供标准化的标注指南和规范,提高标注数据的一致性和质量,从而增强情感分析模型的训练效果和准确性。

训练数据中的潜在偏见也是一个不可忽视的问题。当前的大量数据集往往来自特定群体,这可能导致训练出来的模型存在偏见。训练数据集中如果主要包含某特定主题或参与者身份的文本,模型在处理其他群体文本时其准确率可能下降。主题和身份偏见不仅影响模型的泛化能力和准确性,还可能在实际应用中引发伦理问题和社会争议。理论语言学可以通过对不同群体语言使用的深入研究,帮助情感分析模型在训练过程中消除或减少这种偏见,提高模型对不同群体文本的准确性和泛化能力。

因此,隐式情感分析在处理复杂文本特征、情感细粒度、标注数据集依赖和训练数据偏见等方面面临诸多挑战。当前基于统计学的情感分析方法在这些问题上表现出明显的局限性,难以满足实际应用需求。这些问题不仅限制了情感分析的准确性和适用性,也揭示了当前方法在处理复杂情感表达时的不足。因此,单靠计算科学的方法进行情感分析是远远不够的,必须结合理论语言学的支撑,才能更准确、科学地分析和理解人类语言中的情感现象。理论语言学可以提供关于语境、互文、情感词汇和表达方式等方面的深入理解,帮助情感分析模型更准确地捕捉和理解文本中的情感表达,提高情感分析的精确度和细粒度,增强模型的泛化能力和适用性。

事实上,已经有语言学者探究情感分析的语言研究路径了。尤其值得注意的是李战子教授。李战子明确将系统功能语言学派的评价理论用于情感分析,并给出了较为详细的说明[28]:

评价理论将情感维度置于其系统分析框架的一个中心地位,与情感分析不谋而合,但在评价理论的态度子系统中,鉴别和判定的维度划分更加精细;而基于语料库统计分析的情感分析意在发现人们对于物品或服务的意见、情绪和感情,其实已经包含了鉴别与判定。两种路径各有利弊,对于国际传播话语,情感分析法其实是着重隐性的鉴别与判定情感分析的方法,超越了评价理论对情感词的识别,有助于得出倾向性趋势。

这段话提到了评价理论和情感分析在研究情感维度方面的异同,表明了两者在分析方法和应用场景上的各自优势。支持这种观点不仅具有理论上的创新意义,还为实践中的情感分析提供了新的思路。从系统功能语言学的角度来看,评价理论将情感、鉴别和判定作为其态度子系统的重要组成部分。这种细致的划分使得评价理论能够更加准确地分析和解读语言中的情感表达。评价理论不仅关注情感本身,还考虑了情感在特定语境中的功能和作用。例如,在社交互动中,情感表达不仅反映了说话者的情绪状态,还可能影响听话者的情绪和行为反应。因此,评价理论通过细致的分类和分析,可以深入理解情感在不同语境中的多种功能和作用。然而,基于语料库的情感分析方法则侧重于通过统计分析发现人们对特定事物的情感倾向。这种方法的优势在于可以处理大量的数据,通过统计模型和算法,快速识别出情感的倾向性。例如,在商品评价中,通过对大量用户评论的情感分析,可以快速了解消费者对某一产品的总体态度和情感分布。这种方法在大数据时代显得尤为重要,因为它能够处理和分析海量的文本数据,提供有价值的情感趋势信息。

正如李战子教授所言,尽管评价理论和情感分析在方法上存在差异,但两者在情感维度上的研究却有着共同的目标,即理解和解释语言中的情感现象。评价理论通过细致的分类和分析,提供了深入理解情感表达的工具,而情感分析则通过大数据统计,提供了广泛的情感趋势信息。两者的结合,能够弥补单一方法的不足,从而提供更加全面和准确的情感分析。

沿着这一思路,评价理论的细致分类和分析,可以为情感分析提供理论支持和指导。例如,通过评价理论的态度子系统,可以明确不同情感表达的类别和特征,从而指导情感分析模型的构建和优化。而情感分析的大数据统计方法,则可以验证评价理论的分析结果,提供实际数据支持和反馈。例如,通过对大量语料的情感分析,可以验证评价理论中的情感分类是否准确,是否能够反映实际的情感表达。

此外,两者的结合还可以扩展情感分析的应用范围。例如,在国际传播话语中,情感分析不仅需要识别显性情感表达,还需要理解隐性情感表达。例如,在跨文化交际中,不同文化背景下的情感表达方式可能有所不同,需要结合评价理论的细致分类和分析,理解不同文化背景下的情感表达特征。而情感分析的大数据统计方法,则可以提供大量跨文化语料的情感趋势信息,帮助理解和分析跨文化交际中的情感表达。

结合上述思考,我们根据系统功能语言学理论,认为情感不仅应被视为一种评价资源,还应当作为一种核心语义要素,放置在更广泛的理论框架中进行审视。这意味着,我们不仅要从语言学的角度研究情感的表达方式和作用,更要深入探讨情感在社会文化背景下的本质和意义。情感表达具有高度的文化依赖性和社会意义。不同文化背景下,情感的表达方式和理解方式可能大相径庭。例如,在一些文化中,直接表达愤怒可能被视为不礼貌,而在另一些文化中,愤怒的表达可能是一种寻求公平和正义的方式。这种文化差异在情感分析中需要被充分考虑和理解。然而,现有的情感分析模型往往缺乏对文化背景和社会意义的考量,导致在跨文化情感分析中的表现不尽如人意。理论语言学可以通过对不同文化背景下情感表达方式的深入研究,帮助情感分析模型更好地适应和理解这些差异,提高跨文化情感分析的准确性和可靠性。此外,情感不仅是个人的心理体验,更是社会互动的一部分。情感表达在社交互动中扮演着重要角色,影响着人际关系和社会行为。例如,在职场沟通中,适当的情感表达可以增进合作和理解,而不当的情感表达可能引发冲突和误解。现有的情感分析方法主要关注情感的类别和强度,而忽略了情感在社会互动中的功能和作用。理论语言学可以通过对情感在社会互动中的作用和影响的研究,帮助情感分析模型更全面地理解情感的社会功能,从而提高情感分析的实际应用价值。

从这个意义上讲,本书试图为语言学意义上的情感分析和自然语言意义上的情感分析提供一个接面,一个研究路径。我们主张,将情感视为语义要素,并放置在更大的理论框架中进行审视,是情感分析研究的一个重要方向。这不仅可以丰富和深化对情感的理解,还可以为情感分析提供更为全面和科学的理论基础。通过将情感纳入到更广泛的社会文化理论框架中,可以更全面地探讨情感的本质和作用。这种多维度的研究方法可以帮助我们更好地理解情感的复杂性和多样性,提高情感分析的准确性和科学性。例如,结合评价理论和社会文化理论,我们可以构建更加复杂和精细的情感分类体系,捕捉更为细腻和多样的情感表达。这种方法不仅可以提高情感分析模型的性能,还可以扩展其应用范围,使其在不同的文化背景和社交场景中都能发挥作用。

1.2 研究目的

随着语料库技术的成熟和大语言模型的普遍应用,情感分析得到了持续的技术支持。一方面,深度学习技术的发展为情感分析提供了新的解决方案。通过构建深层的神经网络模型,情感分析系统能够自动学习文本中的复杂特征和模式,从而更准确地识别和分类情感。另一方面,迁移学习和无监督学习等方法的应用也为情感分析在资源有限的语言和标注数据不足的情况下提供了可行的解决方案。尽管如此,语言大模型本身仍存在诸多不足,如语义幻觉和生成困难等问题迄今未能得到根本解决。因此,我们认为情感分析需要结合语言学等学科的理论和方法,改变建立在概率模型基础上的自足做法。理论语言学在认识人类语言本质方面具有天然优势,特别是系统功能语言学,这一理论从机器翻译研究中建构而来。情感分析模型的优化,可以从深入分析其研究对象——自然语言开始,正如依存句法被普遍接受到自然语言处理中一样。

情感的社会属性和语言的多模态延伸使得社会符号学和系统功能语言学的结合能够提供深层的语言结构和意义的分析框架,有助于更好地理解文本中的情感表达。作为系统功能语言学有机组成部分的评价理论也可以为情感分析提供对个体情感状态和心理机制的深入理解,从而为情感识别的准确性和细粒度分析提供有力支持。系统功能语言学强调语言的社会性、系统性、功能性和语境依赖性,将人类语言视为在词汇-语法系统层实现的意义,是符号化的社会关系。这种视角提供了一种全面而深入的方式,将语言如何传达意义、建立关系和实现社会目标有机整合在一起。自然语言绝不仅仅是概率统计和表层符号,而是在复杂的系统中不断选择,实现某种社会功能的向量集合。

系统功能语言学为理解深层情感及其背后的动因提供了宝贵的视角。结合这一理论框架和分析工具,情感分析可以更加准确地捕捉和理解文本中的情感表达。系统功能语言学对语境的重视为情感分析提供了重要启示。在该理论中,语言的意义不是孤立存在的,而是与特定社会和文化语境密切相关。这种语境依赖性意味着情感表达的理解需要考虑上下文、交际目的和参与者之间的关系等因素。如果情感分析模型能够充分利用系统功能语言学的语境理论,将能够更好地处理上下文相关的细微情感表达,从而提高情感识别的准确性。

系统功能语言学强调分析的重点应当从结构转向功能。表征功能允许语言描述事物和状态,为情感分析提供关于情感对象和内容的基础信息。互动功能关注语言在建立和维护社会关系中的作用,涉及情感表达的社交互动和沟通意图。构成功能则关注语言如何组织信息以传达意义,对于分析情感表达的连贯性和结构至关重要。通过综合考虑这些功能,情感分析可以更全面地揭示文本中的情感内涵和动机。此外,系统功能语言学将符号视为资源,语义选择是在词汇-语法网格中进行的盖然行为。说话人或作者根据具体语境从语言系统中做出的选择本身反映了其意图和情感状态。情感分析可以通过分析文本中的词汇选择、搭配和修饰等手段,揭示隐藏在语言背后的情感倾向和态度。

评价理论作为系统功能语言学的一个分支,为情感分析提供了专门关注评价语言使用的视角。评价语言指的是那些表达个人态度、情感和立场的语言特征,它们在文本中起到了标识情感极性和强度的作用。通过应用评价理论的分析工具,情感分析可以识别出文本中的评价词汇、情感标记和态度表达,从而更准确地判断文本的情感倾向。这种分析不仅有助于理解文本的情感内容,还可以揭示出作者或说话者的主观立场和观点。系统功能语言学的多模态扩展为情感分析提供了更广泛的视角。随着技术的进步,图像、声音和手势等多模态数据在情感表达中扮演着越来越重要的角色。系统功能语言学的原理可以应用于这些非文本模式的分析,帮助我们理解不同模态如何协同作用以传达情感。

以系统功能语言学为语言分析工具的批评话语分析理论还为情感分析提供了对权力关系和意识形态的深入洞察。通过揭示语言如何被用于构建和维护特定的社会结构和文化价值观,批判性话语分析可以帮助我们理解情感表达背后的社会和文化因素。这对于理解情感在社会互动中的作用以及情感分析在不同文化和社会背景中的应用具有重要意义。系统功能语言学关注个体如何根据特定语境使用语言,这有助于开发更具个性化和适应性强的情感分析工具。不同的个体在表达情感时可能采用不同的语言风格和策略,因此情感分析模型需要能够根据不同个体的特点进行调整和优化。通过利用系统功能语言学的理论框架,我们可以开发出更加个性化和适应性强的情感分析工具,这些工具可以更好地适应不同领域、风格和语言习惯的需求。

系统功能语言学对情感分析具有巨大的潜在贡献。通过充分利用系统功能语言学的理论资源和分析工具,情感分析可以更加准确地捕捉和理解文本中的情感表达,提高情感识别的准确性和可靠性。系统功能语言学的创始人、语言学家 Halliday 一直坚持适用语言学立场。与其他语言学理论不同,系统功能语言学一直把分析真实语言、描写真实场景、服务真实生活作为其学术宗旨。因此,情感分析需要结合系统功能语言学的理论和方法,构建更加精准的文本情感分析模型。传统的情感分类方法往往依赖于词汇频率和句法结构等表面特征,忽略了语境和功能的多样性。通过引入系统功能语言学的语境理论和功能多样性概念,情感分析模型可以更好地捕捉文本中的深层语义和情感信息,从而提高分类的准确性。

多模态数据融合是指将来自不同模态的数据(如文本、图像、声音等)进行集成分析,以获取更全面的情感信息。通过应用系统功能语言学的原理和方法,设计有效的多模态特征提取和融合策略,实现不同模态数据之间的互补和增强,从而提高情感分析的准确性和可靠性。例如,在图像情感分析中,我们可以借鉴系统功能语言学的语境理论,理解图像中元素的组合、布局和色彩如何共同构建特定的情感氛围。在声音情感分析中,系统功能语言学的韵律概念可以启发我们探索音调、节奏和语速等因素如何影响情感的传达。

情感分析不仅关注语言表面的意义,更深入地探讨语言背后的社会权力关系和意识形态。通过设计情感分析模型,可以帮助理解情感表达如何被用于维护特定的社会结构和价值观。例如,在广告和政治演讲等文本中,情感表达往往被精心策划,以激发受众的共鸣和支持。通过将情感分析和话语分析融合,可以揭示文本中隐藏的情感操纵策略,从而更深入地理解情感在社会互动中的作用。反过来,系统功能语言学强调个体如何根据特定语境使用语言,这为我们开发个性化和适应性强的情感分析工具提供了启示。

系统功能语言学强调个体根据特定语境使用语言,有助于开发更加个性化和适应性强的情感分析模型。通过学习个体的语言习惯和表达方式,情感分析模型可以更准确地识别和理解其情感状态,并根据不同的语类特点进行调整和优化。例如,在新闻报道、文学作品和电影评论等不同类型的文本中,情感表达的方式和特点可能有所不同。情感分析的目标不仅仅是识别和分类情感表达,更重要的是构建一个能够感知、识别和理解人类情感,并能对这些情感做出智能反应的计算系统。通过结合系统功能语言学和其他相关理论与技术,构建具有情感智能的系统,该系统将能够实时分析和处理大量文本数据,准确识别和理解其中的情感信息,并根据情感状态做出相应的响应和决策。

结合系统功能语言学和深度学习技术,可以开发出更加智能和可靠的情感分析系统,这些系统将能够在广泛的应用场景中发挥重要作用,如社交媒体监控、市场调研、情感计算等。情感分析的未来发展将不仅限于文本分析,还将扩展到多模态数据融合、社会符号学分析、个性化情感识别和情感智能系统构建等方面。通过将系统功能语言学与前沿技术相结合,情感分析将迈向一个新的高度,为我们更好地理解和应对人类情感提供有力支持。

第 2 章 理 论 基 础

系统功能语言学是语言学家 Halliday 创建的一个语言学理论,整体性、功能性和适用性是其最突出、最基本的特征[29]。具体而言,它与其它语言学理论的差别主要在于:系统功能语言学是功能的而不是形式的,是语义的而不是句法的;它研究的对象是语篇而不是句子,其所关注的是使用和惯用而不是是否合乎语法[30]。自 1961 年《语法理论范畴》的发表算起,经过六十多年的发展,系统功能语言学一步步成为研究社会意义的显学,并最终体现为适用语言学[31]。系统功能语言学的核心理念在于它的功能性视角。语言的主要功能是实现人类的社会互动,因此,语言必须被理解为一种社会符号系统。具体来说,系统功能语言学将语言功能划分为三大元功能:概念功能、人际功能和语篇功能。这三大元功能分别对应语言用于描述经验世界、构建社会关系和组织信息的三种基本用途。这种功能性的视角使得系统功能语言学能够深入探讨语言的社会意义,从而超越传统语言学对形式和结构的关注。

同时,系统功能语言学强调,语言应该被视为一个整体系统,而不是孤立的部分。这意味着在分析语言时,必须考虑到语言的各个层面和要素之间的相互作用。系统功能语言学不仅关注语法和词汇,还关注语篇和语境。这种整体性的视角使得系统功能语言学能够全面而深入地理解语言的运作方式和功能。另外,系统功能语言学强调理论与实践的结合。Halliday 提出了"适用语言学"的概念。所谓"适用语言学",是指在系统功能语言学看来,理论和实践同样重要,这样,理论语言学与应用语言学之间的界限就不复存在,取而代之的是问题导向的思考方法[32]。

如前章所言,传统的情感分析方法主要依赖统计学和机器学习技术,往往忽视了语言的社会和文化背景。系统功能语言学通过其功能性和整体性的视角,可以为情感分析提供更加全面和深刻的理解。情感表达往往不仅仅依赖于单个词语或句子的含义,还涉及整个语篇的结构和语境。在系统功能语言学的框架下,情感分析可以结合语篇分析和语境研究,全面理解和解释情感表达的方式和功能。通过结合评价理论和系统功能语言学的其他理论框架,情感分析可以更准确、更全面地识别和理解语言中的情感现象。

2.1 核 心 思 想

系统功能语言学的核心思想可以概括为六个方面:元功能、系统、层次、功能、语境和盖然率[33]。这些概念共同构成了系统功能语言学的理论基础,并为语言分析提供了全面而深人的视角。下面将对这些核心思想进行详细的阐述,并结合简短的例证进行说明。

元功能也称纯理功能,包括三个方面:概念功能、人际功能和语篇功能。概念功能包括经验功能和逻辑功能,指的是语言具有反映客观世界事物发生和进程,以及人们内心世界的功能。经验功能指的是语言用于描述和反映客观世界中的事物和事件。例如,在句子"太阳从东方升起"中,语言描述了一个自然现象,传达了对现实世界的经验。逻辑功能则涉及语言在构建和组织思想方面的作用,例如,通过使用因果关系连词"因为"或"所以",我们能够将不同的思想或事件连接起来,形成逻辑上的因果关系。这种功能帮助我们理解和表达复杂的思想结构。人际功能是指语言具有建立、维系和反映人际关系的功能。通过语言,我们能够建立社会关系、表达态度和情感。例如,在对话中使用礼貌用语如"请"和"谢谢",可以建立友好的互动关系。人际功能还涉及语言的社会功能,如礼貌、尊重、权威等,这些功能在社会互动中起着重要作用。语篇功能是指语言具有组句成篇,并根据交际语境组织信息并传递信息的功能。例如,在新闻报道中,语言不仅需要传达事件的细节,还需要根据报道的结构组织信息,以便读者能够理解事件的全貌。语篇功能将概念功能和人际功能的实现方式融入到更大的语篇结构中,确保信息的流畅传递。

概念功能、人际功能和语篇功能作为系统功能语言学中的三位一体,共同作用于语言的使用和分析,将社会意义实现于符合语境、可以达成交际目的的词汇-语法层。这三种功能不仅各自发挥作用,还通过相互作用实现语言的全面功能。概念功能传递信息,提供对世界的描述和理解;人际功能磋商互动,建立和维系人际关系;语篇功能则通过组织信息和构建语篇,实现前两个功能的具体实施。通过这三种功能的相互作用,语言能够在不同的交际场景中发挥其全面的社会意义,实现有效的沟通和信息传递。例如,在一个商业谈判中,语言的概念功能通过描述合同条款和业务要求传递信息;人际功能通过协商和互动建立合作关系;语篇功能通过组织和呈现信息确保谈判的顺利进行。在这个过程中,三种功能共同作用,确保谈判的成功。概念功能、人际功能和语篇功能的三位一体作用,提供了一个全面理解语言使用和分析的框架。这种三位一体的模式不仅揭示了语言的多重作用,还帮助我们理解语言如何在不同的交际环境中实现其社会意义。通过这种理论框架,我们能够更深入地分析语言的功能和结构,从而在实际应用中提高语言分析的科学性和准确性。

系统功能语言学把语言系统解释成一种可进行语义选择的网络。语言不是所有合乎语法的句子的集合,而是意义潜势,其底层是聚合关系。当有关系统的每个步骤一一实现后,便可产生结构。举例来说,在句子"她走进了房间"中,语言的选择不仅仅是语法上的正确性,还涉及如何通过词汇和语法结构传达不同的意义。例如,可以将该句变为"她缓缓地走进了房间",这里的"缓缓地"改变了动作的语气和细节,提供了更多的信息。这种选择网络允许说话者根据交际的需要,选择最合适的表达方式来传递特定的意义。因此,系统存在于所有语言层次,诸如语义层、词汇-语法层和音系层,都有各自的子系统表示本层次的意义潜势。如"她快乐地走进了房间"和"她兴高采烈地走进了房间",两者都传达了相同的情感,但使用了不同的词汇和语法结构。在词汇-语法层次,选择的不同会影响句子的结构和语法规则的实现。在音系层,发音的变化和语调的不同会对听者的理解产生影响。系统中的各项目之间的深层关系是选择。选择分为"析取选择"和"合取选择"两种,析取选择指在可供选择的项目中只能选其一,例如,在句子"她今天会去商店还是去超市?"中,"商店"和"超市"是两个析取选择中的选项。在这个选择中,选择一个选项就意味着排除另一个选项。这种选择反映了在特定情境中做出的决策和取舍。合取选择指在可供选择的若干个子系统中对其每一个子系统都要同时进行选择。例如,在描述一个复杂的动作时,句子"她慢慢地走进了房间,带着微笑"中,描述"慢慢地"和"带着微笑"这两个子系统的选择,是合取选择中的一种。析取选择和合取选择的不同组合可产生析取、合取、递进、条件、和对比等五个基本的选择关系,进而构成各种错综复杂的系统网络,决定了语言的表达方式和信息传递的效果。通过对选择关系的分析,可以更深入地理解语言如何通过不同的选择和组合来实现其功能。

　　系统功能语言学用"层次"的概念把对语言本质的了解扩展到语言的外部。语言是有层次的,至少包括语义层、词汇-语法层和音系层。语义层是语言的最上层,关注语言的基本意义和内容。它负责传递语言的核心信息,即所要表达的内容和概念。在这一层次,语言的功能是如何在特定的语境中实现其意义的。例如,句子"他微笑着走进房间"在语义层上传达了一个具体的情境:一个人以一种特定的情感状态进入一个特定的场所。语义层不仅关注语言的直接意义,还涉及语言如何反映社会文化和情境背景。词汇-语法层位于语义层之下,关注词汇和语法的结构。它负责将语义层的内容转化为具体的语言形式。在这个层次,语言的功能是如何通过词汇选择和句法结构来实现意义的。例如,在"他微笑着走进房间"中,词语"微笑"和"走进"以及语法结构(如动词短语)都是实现语义的工具。词汇-语法层的作用是将抽象的语义转化为具体的语言表达。音系层是语言的最下层,关注语言的声音和发音规则。它涉及音位、语调和节奏等方面,是语言表达的声音形式。在这个层次上,语言的功能是如何通过声音来实现其语义和语法结构的。例如,句子的语调和重音可以影响其意义的理解。在"他微笑着走进房间"中,语调的升降可能会改变听者对句子的情感感知。

　　各个层次之间存在着"体现"的关系。每个在下层次的是对上一层次的体现。音系层的声音形式体现了词汇-语法层的结构,词汇-语法层的结构又体现了语义层的意义。这种体现关系使得语言的表达不仅具有层次性,还具有整体性。音系层的声音形式直接影响词汇-语法层的结构。发音的清晰度、语调的变化、重音的分布等都可以影响语法结构的实现。词汇-语法层的结构是对语义层内容的实现。语法规则和词汇选择在词汇-语法层上构建了具体的语言形式,而这些形式在语义层上传达了特定的意义。例如,使用主动语态和被动语态可以改变句子的焦点和信息传递方式,这种选择在语义层上体现为不同的含义和关注点。

　　系统功能语言学认为,语义层不仅是语言的顶层结构,还可以看作是连接词汇-语法层和更高层面符号学的接面。语义层通过体现语言的基本意义,将词汇-语法层的结构和音系层的声音形式整合起来,从而实现语言的交际功能。与此同时,语义层还与社会符号层(即社会文化背景)紧密相关,通过语义层,语言得以反映和表达社会文化和语境中的特定意义。通过反映社会文化和语境的意义,语言实现了其社会功能。例如,特定的社会背景和文化习俗会影响语言的表达方式和意义,语义层通过对这些背景的体现,实现了语言的社会交际功能。

　　功能与元功能不同,它是形式化的意义潜势的离散部分,即构成一个语义系统的在语句中起具体作用的语义成分;词汇、语法中的成分或结构只是它的表达格式。语言的各个语义系统却可以由有限数量的语义功能成分组成,例如:语气系统包括"语气"和"剩余成分"等功能成分。语气系统涉及语言表达中的情感态度和语气。例如,在英语中,语气系统可以分为陈述语气、疑问语气、祈使语气等。每种语气系统的功能成分,如"语气"与"剩余成分",决定了语言表达的具体意图和情感态度。陈述语气用于传递信息或描述事实,如"她昨天去了市场";疑问语气用于提出问题,如"她昨天去了市场吗?";祈使语气用于发出命令或请求,如"请立刻去市场!"。通过这些功能成分,语言能够表达不同的情感色彩和态度。主位系统包含"主位"和"述位"两个功能成分,主位是句子的开头部分,通常表示谈话的重点,而述位则是句子的其余部分,提供了关于主位的详细信息。例如,在句子"在公园里,他遇到了朋友"中,"在公园里"是主位,提供了背景信息,而"他遇到了朋友"是述位,提供了主位的详细描述。信息系统包含"已知信息"和"新信息"两个功能成分,决定了如何将信息有效地传递给听众或读者。例如,在句子"我们昨天去了一家新餐厅。它非常好。"中,"我们昨天去了一家新餐厅"是已知信息(已存在的背景信息),而"它非常好"是新信息(对餐厅的评价)。

系统功能语言学把语言看作意义潜势系统,看作生成意义的资源。这就意味着语言不是自足的系统,其意义不是所有合乎语法句子的意义的层级叠加。相反,语言是在语境中诞生,也是在语境中存在的,因而必须在语境中研究。系统功能语言学中,语言的功能包括概念功能、人际功能和语篇功能。这些功能如何在不同的语境中发挥作用,也直接影响了语言的意义。概念功能涉及语言如何描述现实世界的经验,人际功能涉及语言如何建立和维系人际关系,语篇功能则关注语言如何组织信息和构建连贯的交流。在实际的交际中,这些功能如何实现,取决于语境中的具体需求和限制。例如,在科学论文中,概念功能尤为重要,因为科学交流需要准确描述和解释研究结果;而在人际交流中,人际功能则更加突出,因为交流的主要目的是建立和维持关系。

也正是在语境研究的基础上,Halliday 指出,语言固有的特征之一是盖然率。盖然率概念为语言的理解和应用提供了深刻的理论基础。盖然率是指语言现象在特定语境中出现的相对频率,体现了语言的固有特征之一。盖然率强调了语义和语境之间的密切关系。在具体的语境中,某些语义项目或语言形式的使用频率可以揭示其在该语境中的功能和意义。例如,某些术语在学术论文中频繁出现,而在日常对话中则较少出现,这反映了语言形式如何适应不同的交际需求和社会背景。因此,这一概念不仅对语言学理论的发展具有重要意义,也对自然语言处理中的情感分析提供了宝贵的启示。

人们在系统中的选择,实际上都只能从相对频率来探寻其使用范围。也就是说,要掌握不同形式项目的使用,便要更精确地区别语义与特定情景语境的关系。对一个语义项目分类时,应该按精密度的阶,由一般趋向特殊,越分越细,对每一个选择点的可选项给以近似值。同样,对相应的词汇、语法项也给以近似值。

盖然率的思想与自然语言处理中的底层算法有许多相似之处。在自然语言处理中,语言模型通过统计分析来预测词语和短语的出现概率。这些概率反映了不同语言形式在特定上下文中的常见性,与盖然率概念的核心思想不谋而合。例如,大语言模型通过分析大量语料库来计算词语的出现频率,从而为语言生成和理解提供依据。就情感分析而言,人们要从文本中识别和分类文本中的情感态度,例如积极、消极或中性,目前采取的方法是通过分析大量标注数据中的情感标签,模型可以识别出特定情感词汇或表达形式的出现频率,从而推断文本的整体情感倾向。这一过程实际上是对情感表达的盖然率进行建模,即基于统计频率来预测和解释情感现象。

另外,在 Halliday 的框架中,对语义项目的分类应该按照精密度的阶层进行,即从一般到特殊,越分越细。精密度越高,对语言现象的描述就越准确。这种分层次的精细化分析有助于揭示语言使用中的细微差异,并更准确地捕捉语言的实际功能。在情感分析中,精密度的阶层分析同样具有重要意义。为了准确捕捉文本中的情感信息,需要对情感词汇进行精细的分类。例如,除了基本的积极和消极情感,还需要识别更具体的情感类别,如愤怒、快乐、悲伤等,使得分析结果更加符合实际的情感表达。如前文所述,评价理论最显著的用途,就是为情感分析提供了具有无限细分可能的框架,而这种细化的分类有助于提高情感分析的准确性。

2.2　人 际 功 能

系统功能语言学三大元功能中与情感研究关联最为紧密的是人际功能,因此需要专门进行探讨。在系统功语言学看来,语言不仅仅用于传递信息,还用于在社会交往中表达个人的身份、地位和态度。因此,人际功能是语言元功能的一个至关重要的方面,它关注语言如何在社会交往中运作,特别是如何表达说话者的身份、态度、动机,以及如何通过语言影响他人的情感和行为。在人际功能的框架中,语言被视作一种工具,通过它,个体能够在社会互动中表达自我,建立关系,并且影响他人。说话人通过这一功能闯入到某一情景语境中,去表达他的态度和推断,并试图影响别人的态度和行为。

人际功能的核心维度包括语气、情态和情态状语。语气决定了句子的交流目的,如陈述、疑问或命令,这直接关系到说话者的意图和态度。例如,在句子"你能帮我一下吗?"中,使用了疑问语气,表达了请求的意图。情态则涉及说话者对事物的态度,包括可能性、必要性和意愿等。例如,句子"这可能是一个好主意"中,情态"可能"表明说话者对提议的信心程度。情态状语进一步修饰情态,提供更多的情感和态度信息,例如在"这完全可能是一个好主意"中,"完全"加强了情态的程度。也就是说,人际功能在情感研究中的关键作用在于它能够揭示语言如何用来表达说话者的身份和态度。通过分析语气、情态及情态状语,研究人员可以识别出说话者在特定情境中的情感态度。例如,在社交媒体评论中,用户通过使用诸如"令人失望""非常满意"等词语来表达他们对产品或服务的情感态度。这种语言表达不仅反映了用户的情感状态,还揭示了他们对产品或服务的评价。这种分析能够帮助我们理解用户情感的表达方式以及其对其他用户的潜在影响。

人际功能的核心在于语言的互动性和交流性。语言不仅仅是一个静态的符号系统,更是一个动态的交际工具。通过语言,人们能够建立和维护社会关系,进行信息的交换和共享,实现共同的目标和意图。在对话中,我们运用语言来表达自己的观点和情感,同时也倾听他人的声音,理解他们的观点和情感。这种互动性和交流性是人际功能的基础,也是语言社会性的体现,人们通过语言来传达自己的情感状态、价值观念和态度倾向。语气、语调、词汇选择以及句式结构等语言要素都可以传达出说话者的情感态度。例如,通过选择不同的语气词和语调,我们可以表达出惊讶、喜悦、愤怒等不同的情感;通过使用不同的词语和句式,我们可以表达出自己的赞同、反对或中立等态度。

与情感联系最为密切的概念是归一度和情态评价。在一个命题中,意义的归一性表现为情感极性,但与传统的情感分析不同,归一度是一个模糊连续体。不同值的概率(如"肯定""大概""可能")副词和不同值的频率(如"偶尔""经常""总是")副词,都属于归一度范畴,是参与语义情感的极性建构的。在英语中,归一性和情态语法化程度更高,特别是英语的情态动词,已经成为一个封闭的表示情态意义的语法系统。当然,英语的情感也常常通过情态附加语来实现,如在英语中,表达概率(如 probably, surely)、频率(如 always, often)、意愿(如 gladly, readily)、时间(如 yet, still)以及强调(如 just, simply)的情态副词。

另外,在探讨人际功能时,我们不能忽视语言在社会角色和身份构建中的作用。通过语言,我们不仅能够表达个人的情感和态度,还能够塑造和展示自己的社会角色和身份。不同的社会角色和身份往往伴随着特定的语言使用方式和规范,这些规范不仅影响了我们的交际方式,也反映了我们的社会地位和文化背景。例如,在正式场合中,我们通常会使用更为正式和礼貌的语言,以体现自己的专业素养和尊重他人;而在亲密的私人场合中,我们则可能使用更为随意和亲切的语言,以表达彼此之间的亲密和信任。语言提供了丰富的手段来实现这意见交换、协商和调解的目的,如提问、回答、解释、说服等。通过运用这些手段,我们能够有效地识别沟通和协商的情感氛围,提前解决可能出现的情感分歧和冲突,从而维护良好的人际关系和社会秩序。更具体的人际功能,可以通过评价理论来探究。

系统功能语言学中的人际功能为情感研究提供了一个强有力的理论框架。通过分析语气、情态及情态状语,人际功能能够揭示语言如何在社会交往中表达和调节情感。无论是在社交媒体评论、政治演讲还是跨文化交流中,人际功能都发挥着重要作用。未来的研究可以继续扩展这一框架,探索更多实际应用,并进一步揭示语言在人际互动中的复杂性和多样性。

2.3　评 价 理 论

评价理论是系统功能语言学在对人际意义的研究中发展起来的,是探索、描述、解释语言用来评价、采取立场、构建篇章人际以及保持人际地位关系方式的一种特殊方法,它关注语篇中可以协商的各种态度,侧重于人本身的情感和态度,如说话人是否同意、热情对待、称赞他的交际材料,并要求听话者有同样的态度,并用相应的语言来表示这种态度和情感[34]。评价理论作为一种新型的分析框架,具体关注语言在表达评价、立场和人际关系中的作用。与传统的语言分析方法不同,评价理论专注于语篇中的态度表达和情感交流,特别是语言如何在交际过程中用于体现说话者的个人立场、情感态度以及对信息的评价。这种框架强调了语言作为人际互动工具的多维功能,特别是在如何通过语言构建和维持社会关系方面的作用。

评价理论在系统功能语言学的框架下,代表了一种精细化的人际意义分析方法,它继承和糅合了传统系统功能语言学的一系列重要理论或思想,如社会符号视角、元功能理论、系统的思想、意义构建性思想、动态语篇观、社会语境理论、体现与例示思想等等。在具体分析框架方面,评价框架与 Halliday 1994 年的人际框架在取向、量值、归一性以及情态类型等方面都有着一脉相承的渊源关系[35]。在评价理论的视角下,语言不仅仅是传递信息的工具,更是展示和协商社会态度和情感的媒介。它通过细致的词汇和语法分析,揭示了说话者如何通过语气、情态和情态状语等语言手段表达自己的情感和态度。例如,语言中的情态动词(如"可能""应该")和情态副词(如"显然""可能")可以用来调整说话者的语气,从而影响听话者对信息的接受和反应。这种方式不仅揭示了说话者的态度,也引导听话者在接收信息时形成相应的情感和态度。

评价理论中所说的"评价",是指语篇中所协商的各种态度、所涉及的情感的强度,以及表明价值的方式[36]。如前所说,在一定程度上,评价与情感之间并无太大区别。这也是本书的立论基础。事实上,正如情感是不可或缺的语义成分,评价也无处不在。在日常生活中我们说的大多数话都不仅仅是在陈述事实,而是在不断地对情境、对人以及对他人的观点做出评价。评价是一种存在于整个语言交际过程中的带有周遍性质的语义成分。正如徐玉臣教授所指出的语言学研究中,评价已逐渐成为涵盖作者对所论及的实体或命题的立场、态度、观点、情感等因素的总括性概念[37]。这一观点进一步强调了评价在语言交际中的普遍性和重要性。在日常生活中,评价不仅仅是个别句子的功能,而是贯穿于整个语言交际过程的普遍现象。我们在表达观点、讨论问题或进行社交互动时,几乎总是在不断地进行评价。这种评价的过程不仅反映了我们的情感和态度,还影响了我们与他人之间的互动和关系。

评价资源分为态度、介入和级差三个系统,三个系统都围绕语言的人际意义展开。评价语义系统以态度为枢轴,介入、级差为两翼(胡文辉,余樟亚 2015:31)[38]。态度包括情感(对人的情感的表达)、评判(对性格和行为的评价)和鉴赏(对事物价值的评价),情感系统为整个态度系统的中心,由它导出判断系统和鉴赏系统;介入与级差是有关作者/说话者用以对文本所涉价值立场和他们的言谈对象采取姿态的语义资源。介入用来衡量说话人/作者的声音和语中各种命题和主张的关系,用来判断语言使用者利用介入手段调节其对所说或写内容所承担的责任和义务,可以由自言和借言实现;级差包括语势(内容的容量分级)和聚焦(语义聚焦或模糊)。

态度系统是评价资源的核心部分,它关注的是个体对某一对象或事件的情感反应和评判。态度系统本身又可以细分为几个子系统,如情感(affect)、判断(judgment)和评价(appreciation)。情感系统涉及个人对事物的情感态度,例如快乐、愤怒、悲伤等,这些情感态度通过具体的情感词汇或语气表达出来。判断系统则关注道德和社会评价,例如对某个人或行为的赞扬或批评,这类评价通常与社会规范和道德标准相关。评价系统涉及对物品或事件的欣赏或贬低,如对艺术作品、商品或事件的美学评价。通过这三个子系统,态度系统提供了对语言中各种情感和评价的深入分析,使得我们能够理解说话者的情感立场和评价标准。

介入系统是评价资源的第二个重要方面,它关注的是说话者如何介入语篇,影响听众的情感和态度。介入系统包括对话语的插入、意见的表达以及对信息的修改等手段。通过介入,话语不仅传递信息,还调动情感反应并塑造听众的态度。例如,在政治演讲或广告中,发言者可能会通过强调某些观点或反驳对立意见来操控听众的情感反应和态度。介入系统使得评价理论不仅仅关注语言中的态度表达,还关注说话者如何通过语言策略主动干预听众的情感和认知,从而实现特定的交际目标。

级差系统则关注态度的强度和范围,它帮助分析情感或评价的细微差别和程度。级差系统通过精确的语言手段和表达策略,区分了情感和评价的不同层级和强度。例如,在表达赞美时,"非常好"与"不错"之间的差别反映了级差系统对评价程度的把握。级差系统不仅使得评价表达更加准确和细腻,还增强了对语篇中情感和态度的描述能力。通过区分不同级别的评价,级差系统为分析语言中的情感细微变化提供了工具,有助于揭示评价的深层次机制。

评价作为一种带有周遍性质的语义成分,已经成为语言交际的核心元素之一。它不仅关注个体的情感和态度,还涉及社会和文化层面的价值表达。评价理论为我们提供了一个全面的框架,帮助我们理解语言中如何通过各种方式表达情感、态度和价值。这种理论的深入探讨,不仅丰富了我们对语言功能的理解,也为情感分析和语篇分析提供了重要的理论支持。

评价理论为情感分析提供了强大的理论支持和细分框架,但其不足之处也显而易见。朱永生教授 2009 年回顾评价 20 年发展的历史时曾经指出,评价理论在研究评价的体现方式时基本上局限于那些评价意义明显的话语标记,而对通过使用那些貌似中性但隐含评价意义的成分和句式刻意忽略,对人际角度的评价意义研究甚多,而对概念角度的评价没有给予足够的重视;进而提出解读隐性评价意义的三个条件:语言敏感度、语境知识激活能力和读者的姿态[39]。这一提议揭示了在情感分析中需要考虑的深层次因素,对评价理论的应用提供了宝贵的启示。具体而言,语言敏感度指的是对语言中潜在评价意义的敏锐感知能力。评价理论虽然能够识别出明显的评价标记,但对那些隐晦的、暗示性的评价则常常不予关注。语言的这种隐性评价可能隐藏在看似中性的表述中,如修辞手法、语气和上下文的微妙变化,这些都需要高度的语言敏感度来加以辨别和解读。

语境知识激活能力则涉及对语言使用背景和文化语境的了解。评价意义的隐性表达往往依赖于特定的语境和文化背景。例如,同一句话在不同的文化背景下可能传递出截然不同的评价意义。对语境的准确把握能够帮助分析者识别那些看似中性但实际隐含评价的语言成分,从而更全面地理解和分析情感表达。这也意味着,情感分析不仅要关注语言本身的结构和成分,还要深入探讨其背后的社会文化语境。

读者的姿态则指的是分析者在解读语言时的态度和立场。读者的个人经验、认知框架和社会背景都会影响对评价意义的解读。在情感分析中,读者的主观因素可能导致对同一评价现象的不同理解。因此,评价理论在实际应用中,需要考虑分析者的立场和偏好,以确保对评价意义的全面和客观把握。

朱永生教授的这些见解为情感分析提供了新的思路和方向。他的提议不仅揭示了评价理论的不足,也为克服这些不足提供了切实可行的策略。本书在此基础上,提出了研究隐性情感、超越词汇范畴、关注语境和社会文化的思想动因。这一研究方向旨在超越评价理论的局限,深入探讨情感在语言中的隐性表达,并将其置于更广泛的语境和文化背景中进行分析。这种方法不仅丰富了情感分析的理论框架,也为未来的研究提供了新的视角和方法。通过关注隐性情感和语境因素,研究者能够更全面、准确地理解和分析语言中的情感现象,推动情感分析领域的发展。

2.4　语　　境

系统功能语言学本来就是强调语言、文本和语境之间的关系的语言理论[40]，语言是由社会化的说话者在语境中使用的，并通过在不同语境中的使用而作为一个系统被改变。语言在语境中发生，并在语境中得到理解和解释。任何情感都随着意义本身，实现于词汇-语法层，成为话语的必备要素。因此研究情感语义，无法离开语境。

语境分为文化语境和情景语境，前者指讲话者生活在其中的社会文化，即整个文化背景；后者指当时正在实际发生的事情，即语言发生的实际环境。文化语境是决定一整套可选择系统的环境，而情景语境则是对系统所作的某一具体选择的环境。

应该注意的是，系统功能语言学大多数情况下并不区分文化语境和情景语境。Halliday 把情景语境看作文化语境的具体实例，把文化语境看作情景语境的抽象系统。在他看来，情景语境与文化语境不是两种不同的现象，而是同一种现象，差别在于观察角度的异同或距离的远近。近距离看到的是个体具体的情景语境，远距离看到的则是总体的文化语境[41]。

如果说语境是"气候"，语篇就是"天气"，语篇是语境的"示例"，情感就是作为语篇主体的人在寒暑阴雨基础上诞生的喜怒哀乐和关于天气和气候之间关系的主观感受和判断。这样一来，按照系统功能语言学的理论，语境也是一种语言资源。由语境资源组成的语境矩阵包括：先前的话语、具体的物理环境、人（以及对人的假设）及其人际关系、各种背景知识、情境定义（框架）、所谈论话题的模型等。不同的语类、话语社团和交际情境会以不同的组合方式利用不同种类的语境资源[42]。

当然，围绕语境，近年来也有不同的划分，比如费策尔（Fetzer）就提出，语境也是一个理论建构，被视为一个关系概念，可以进一步细化为认知语境、语言语境、社会文化语境和社会语境四个子类别，并进一步分为相关子集[43]。认知语境（Cognitive Context）指的是个体在特定情境下的心理和认知状态。这包括个人的知识背景、信念系统、情感状态以及注意力焦点等。认知语境影响着个体如何理解和解释语言信息。在情感分析中，认知语境的作用至关重要，因为一个人的情感反应常常受到其认知结构的影响。例如，当一个人面对一条评论时，他的个人经历和知识背景可能决定了他如何感知和回应这条评论的情感色彩。因此，认知语境的理解能够帮助研究者识别语言中潜在的情感因素，并解释这些因素如何影响个体的情感表达和反应。语言语境（Linguistic Context）涉及语言的结构性特征，如词汇、句法和语篇结构等。语言语境关注的是语言本身的组织和表达方式，它包括前后文的关系、语法结构以及语言单位之间的逻辑联系。在情感分析中，语言语境提供了情感表达的直接线索。例如，通过分析语言中的语气、语调和词汇选择，研究者可以揭示说话者的情感态度和意图。语言语境的深入分析可以帮助解码那些在直接语言表述中可能被忽视的情感信息，如隐喻和语气的细微变化。社会文化语境（Socio-cultural Context）涉及语言使用的社会和文化背景，包括社会规范、文化价值观和集体记忆等。这种语境关注的是语言如何在特定的社会文化环境中被理解和解释。社会文化语境对情感分析的影响体现在文化对情感表达的规范和期望上。例如,不同文化对情感表达的接受程度和表现形式可能存在显著差异,这些差异影响着情感分析的准确性。了解社会文化语境可以帮助研究者解释语言中可能存在的文化特有的情感表达方式,并揭示文化对情感交流的影响。社会语境(Social Context)关注的是语言使用者的社会关系和互动模式,包括权力关系、社会地位和人际关系等。这种语境探讨了语言如何在社会互动中发挥作用,以及社会结构如何影响语言的使用和解释。在情感分析中,社会语境的重要性体现在对情感表达的社会功能和互动影响的理解上。例如,言谈中的权力关系可能会影响说话者的情感表达方式和接受者的情感反应。因此,分析社会语境能够帮助研究者理解在特定社会互动中的情感策略和互动模式。Fetzer 提出的四种语境类别及其子集,提供了一个多维度的框架,用于系统化地分析语言中的情感和评价。这种框架不仅使我们能够从不同角度审视语境对情感分析的影响,也帮助我们更全面地理解情感在语言中的表现和作用。通过结合这些细化的语境类别,研究者能够更深入地揭示语言中的情感现象,从而推动情感分析理论的发展,并提升其在实际应用中的准确性和有效性。

鉴于语境在认知语言学、哲学、语义学的频繁使用,其指代的内涵与外延往往和物理世界联系在一起。因此系统功能语言学中更常用的是"语域"。语言并非孤立存在,而是受到特定语境的深刻影响,这些特定的被映射在语言符号层的语境被称为"语域"。语域理论为我们提供了一种理解和分析语言在不同社会和文化环境中如何运作和变化的框架。

语域理论的核心在于其三个关键变量:语场、语旨和语式。这三个变量共同构成了语域理论的基本框架,为我们理解情感在语言中的复杂性和多样性提供了有力的工具。

语场(Field)指的是语言使用发生的具体社会活动或经验领域。它涉及正在进行的活动的类型以及活动所涉及的经验和过程。语场涵盖了语言交流的具体环境和背景,例如,科学研究、商业会议、教育课堂、家庭聚会等。语场不仅决定了语言使用的具体情境,也影响了语言的内容和功能。例如,在科学研究的语场中,语言需要精准、客观,以传达实验结果和研究发现;而在家庭聚会的语场中,语言则更为轻松、非正式,以促进亲密的家庭关系。通过分析语场,研究者能够理解语言如何在不同的社会活动中扮演不同的角色,反映出不同领域的规范和期望。语旨(Tenor)涉及语言使用者之间的社会关系,包括他们的亲密程度、权力关系和社会地位等。语旨关注的是参与者在交流中的角色和关系,这些因素会影响他们的语言选择和使用方式。例如,在亲密朋友之间,语言可能更加随意、幽默,使用俚语和非正式的表达方式;而在职场中,语言需要更加正式、礼貌,以体现专业性和尊重他人的社会地位。语旨的差异不仅影响了语言的形式和内容,还决定了语言使用中的礼貌策略和权力动态。通过分析语旨,研究者能够揭示语言如何在不同的社会关系中调节和反映社会结构和人际互动。语式(Mode)指的是语言在特定情境中的表现形式,包括语言的书面或口头形式,以及表达方式的正式程度。语式的选择通常受到语场和语旨的影响。例如,在正式的商务场合,人们更倾向于使用书面语言,以表现出专业性和严谨性;而在日常交流中,口头语言更为普遍,能够体现语言的灵活性和即时性。语式的选择还涉及交流的媒介,例如书信、电子邮件、会议记录等,每种媒介都有其特定的表达规范和功能。通过分析语式,研究者可以理解语言在不同交流媒介和形式下的表现方式,揭示语言如何适应和反映不同的交际需求。

这三者之间的关系是紧密而相互影响的。语场提供了语言使用的背景,语旨决定了参与者的社会关系和语言风格,而语式则体现了具体的语言表现形式。通过综合考虑这三个方面,研究者能够获得对语言使用的全面理解,从而揭示语言如何在具体的社会和文化环境中发挥作用。系统功能语言学的这种分析方法,不仅有助于深入理解语言的社会功能,还能够在实际应用中指导语言使用者如何有效地调整和优化他们的语言策略,以满足不同的交际需求。

2.5　语　　篇

　　在系统功能语言学中,语篇被视为一种语义单位,而非传统意义上的语法单位。它是语言在实际语境中的使用,是意义潜势的实例化。具体来说,语篇不仅仅是由若干句子组成的文本,而是一个完整的交际单位,其意义是通过语言的整体使用和结构得以实现的。例如,在讨论一篇新闻报道时,系统功能语言学会关注报道的整体结构、话语的组织方式以及信息的传递方式,而不仅仅是各个句子的语法正确性。系统功能语言学提倡"先见森林后见树木"的理论方法,即首先关注语言使用的整体性和连贯性,而不是单纯地分析句子的内部结构。这种方法强调将语篇作为基本分析单位,认为语篇的整体功能和意义必须通过对其完整的交际情境的理解来揭示。例如,分析一篇演讲稿时,我们需要考虑演讲者的目的、受众的需求以及整个演讲的结构安排,而不仅仅是单个句子的语法和词汇选择。

　　通过对语篇的分析,我们可以揭示特定语篇的价值和交际功能。这种分析能够帮助我们理解语篇为什么会表达特定的意义。例如,在分析一篇广告文案时,我们不仅要考虑文字的表达方式,还要考虑广告所处的文化背景、目标受众的心理需求以及广告的整体策略。通过这样的分析,我们可以评估广告的成功与否,从而更好地理解其背后的传播策略和效果。此外,语篇分析还能够帮助我们从意义表达和语篇有效性的角度评估语篇的成功与失败。例如,在评估一篇演讲的效果时,我们可以分析演讲中如何组织信息、如何调动听众的情感,以及演讲者如何通过语言建立与听众的关系。这些分析有助于揭示演讲的交际效果,并提供改进的建议。

　　在情感分析领域,语篇分析同样具有重要意义。情感表达往往不是孤立的,而是嵌入在更大的语言环境中。例如,分析一篇关于产品的评价时,我们需要考虑评价的整体语境,包括消费者的背景、产品的使用情况以及评价的目的等。通过对语篇的整体分析,我们可以更好地理解情感表达的背景和语境,从而更准确地识别和分析情感。具体来说,在情感分析中,语篇分析可以帮助我们识别情感表达的模式和策略。例如,在分析一篇社交媒体帖子时,我们可以关注帖子中的情感词汇、情感表达的强度以及情感的主题。这些信息可以帮助我们了解用户的情感状态,并提供有关用户态度和意见的有价值数据。

　　我们认为,系统功能语言学中的语篇概念提供了一种全面和深入的语言分析视角。通过将语篇作为基本分析单位,我们可以揭示语言使用中的整体功能和意义,评估交际的效果,并在情感分析中获得更准确的情感识别。语篇分析不仅关注语言的形式,还重视语言的实际使用和语境,从而为语言研究提供了更为丰富和复杂的分析框架。这一理论视角的引入,不仅提升了我们对语言使用的理解,也为实际应用中的语言分析提供了重要的指导。

　　综上所述,系统功能语言学在语言研究中扮演了重要的角色,其核心理念集中于语言的功能性以及语言如何与日常生活、社会和文化背景紧密相连。该理论框架提供了一种综合性的方法，使我们能够深入探讨语言在不同领域和情境中的作用，从而更好地理解和分析语言现象。系统功能语言学的核心理念在于将语言视为一个功能性系统，它不仅关注语言的形式，还着眼于语言的实际功能和使用场景。系统功能语言学通过三个主要元功能——概念功能、人际功能和语篇功能——揭示了语言如何在特定社会和文化背景下发挥作用。概念功能涉及语言如何构建和表达经验及逻辑关系；人际功能关注语言如何建立和维持人际关系；语篇功能则探讨语言如何在交际中组织和传递信息。这些核心理念强调了语言的社会性和功能性，推动了对语言实际使用的研究。系统功能语言学不仅关注语言的结构，还重视语言在不同社会实践中的功能，使我们能够更全面地理解语言的作用和影响。引入系统功能语言学的理论框架，可以有效地解决与语言相关的实际问题。在实际应用中，这一理论框架能够帮助我们深入分析语言在不同领域和情境中的表现。

情感分析作为一种实际应用需求强烈的领域，需要有效的理论和方法来支持其发展。情感分析涉及对文本中情感信息的识别和解读，这一过程需要深入理解语言的细微差别和使用背景。系统功能语言学提供了丰富的理论资源和分析工具，为情感分析提供了坚实的支持。具体而言，通过该理论，我们可以更好地理解情感在语言中的表达方式、情感与社会语境的关系，以及情感如何在不同的交际场景中发挥作用。引入系统功能语言学的理论和方法，有助于构建更为准确和有效的情感分析模型。系统功能语言学的理论框架提供了对语言功能和结构的深入理解，使我们能够设计出能够有效捕捉和分析情感信息的模型。例如，通过分析语篇功能，我们可以识别出情感表达的模式和策略；通过研究人际功能，我们可以理解情感表达如何影响和反映人际关系；通过概念功能的分析，我们可以探讨情感如何与经验和逻辑关系相结合。这些分析工具和理论支持使得情感分析模型更加全面和精确。系统功能语言学不仅提供了对语言的细致分析，还强调了语言在实际应用中的功能和效果，使得情感分析不仅限于词汇和句法的层面，而是扩展到语境和社会文化的层面。

按照语境依赖性和功能思想设计情感分析模型，可以更准确地理解情感表达背后的心理机制。语境依赖性是情感分析中的核心概念之一，如前所述，语境包括话语方式、话语基调和话语方式三个层面，它们分别涉及语言使用的社会活动领域、参与者的关系以及语言的表达形式。理解这些语境层面的特点，有助于深入分析情感表达的背景和动机。通过分析语言所涉及的社会活动领域，我们可以理解情感表达如何与特定的情境或任务相关联。例如，在医疗咨询的语境中，情感表达可能与患者的健康状况和医疗建议紧密相关，而在社交媒体的语境中，情感表达可能与个人的日常经历和情感波动有关。分析参与者之间的关系，如权力结构和社会地位，可以揭示情感表达的目的和方式。例如，老板与员工之间的互动中，情感表达可能反映出权威的建立和维护，而朋友之间的交流则可能更加随意和开放。分析不同语式中的情感表达，可以揭示语言如何根据交际目的进行调整。例如，在正式的商务邮件中，情感表达可能更加内敛和礼貌，而在个人博客中，情感表达可能更加直接和生动。通过这些分析，我们可以构建一个更为细致和全面的情感分析模型，捕捉情感表达的多维度特征，并理解其背后的心理机制。

语篇分析方法可以用来分析个体的语言使用习惯，从而揭示情感状态与语言使用之间的关系。语篇分析关注语言使用的整体性和连贯性。这种方法强调从整体语篇中分析情感表达,而不是孤立地看待单个语言单位。例如,通过分析语篇中的情感词汇、语气、情态以及语境关系,我们可以揭示情感状态如何在整个文本中表现出来。语篇分析方法可以帮助我们识别情感模式、情感的演变和情感的交际功能。情感模式关心的是如何通过语篇中的特定模式(如重复的情感词汇或特定的语法结构)来表达情感;情感的演变关心的是情感表达如何在语篇中发展和变化,从而反映情感的动态过程;情感的交际功能关心的是情感表达在语篇中如何服务于交际目的,如建立亲密关系、寻求支持或表达不满。语篇情感分析有助于揭示情感状态与语言使用之间的关系,并为情感分析提供更加深入的理解。

在人工智能领域,系统功能语言学的理论和方法为自然语言处理和机器学习技术的发展提供了有力的支持。人工智能研究者通过借鉴系统和功能思想,通过改进特征提取方法,可以构建更为准确和有效的自然语言处理模型,从而提高情感分析的准确性和可靠性,其主要方向体现在情感特征提取和情感模型构建上。系统功能语言学的理论可以改进情感分析模型中的特征提取方法。通过引入语境依赖性和功能分析,可以设计更为精准的特征提取方法,如基于语篇功能的特征提取或基于情感模式的特征识别。另外,在自然语言处理模型的构建中,系统功能语言学的框架有助于整合多层次的语言信息,提高模型的准确性和可靠性。例如,可以构建基于功能性分析的情感分类模型,利用话语范围、话语基调和话语方式的信息提高情感分类的精度。

此外,语域理论也为多领域文本分类和信息抽取提供了有力的支持,有助于多领域文本分类和信息抽取。通过分析文本的语域构型,可以设计更加准确的文本分类模型。例如,在法律文本、新闻报道和社交媒体评论等不同领域的文本分类中,可以利用语域特征来识别文本的类型和主题。同时,语域理论有助于提取文本中的关键信息和情感。例如,通过分析语域特征,可以识别文本中的重要实体、事件和情感信息,提高信息抽取的准确性和效率。

可以说,系统功能语言学视角下的情感分析从一开始就是面向多元方法的、跨学科的情感分析,为我们提供了一个强大而全面的理论框架。这个框架不仅揭示了语言在社会互动中扮演的关键角色,还深入剖析了如何通过微妙的语言选择来传递复杂的情感和态度。这种深度与广度的结合使得系统功能语言学成为理解和分析语言现象的重要工具。通过借鉴系统功能语言学的理论和方法,我们可以构建更为精确和高效的情感分析模型,为实际应用提供有力的支持。

第3章 功能情感论

一直以来,情感分析是作为自然语言处理的一个子领域而存在的。它专注于通过书面文本表达的情感和情感的自动识别和分类,其基本过程包括预处理、特征提取和极性分类。在预处理阶段,对原始文本数据进行清洗,去除停止词、特殊字符、数字等无关信息。这个阶段还包括使用 TF-IDF、GloVe、fastText 和 word2vec 等技术将文本数据转换为特征。在特征提取阶段,使用机器学习方法(如逻辑回归、朴素贝叶斯和支持向量机)或深度学习模型〔如长短期记忆(LSTM)和循环神经网络〕将处理后的文本按照极性,即不同的情感倾向(一般为"积极""消极"和"中性")进行分类。在不同的数据集中进行训练,不断提高情感倾向分类的准确性。通过上述一系列技术手段来识别、分析和理解文本数据中的情感倾向和情绪表达,是情感分析的基本任务。在本章中,我们将对主流的方法进行介绍,并运用第 2 章所阐发的理论基础,对系统功能语言学视角下的情感分析进行探讨。

3.1 主 流 方 法

在自然语言处理领域,情感分析一直是一个重要且活跃的研究方向。情感分析的主要任务是自动识别和分类文本中的情感信息,具体包括情绪识别、对话情感分析、主观分析以及观点摘要等。这些方法可以进一步细分为单一神经网络的情感分析方法、混合(组合、融合)神经网络的情感分析方法,以及引入注意力机制和使用预训练模型的情感分析方法。

情绪识别是情感分析的基础方法之一,主要关注从文本中提取特定的情绪标签,如高兴、悲伤、愤怒等。情绪识别的方法多种多样,从早期的基于规则的方法到基于统计学习的方法,再到目前广泛应用的深度学习方法,都在不断地发展和优化。基于规则的方法依赖于预定义的情感词典和规则,通过匹配文本中的词语和短语来识别情感。这种方法简单易行,但容易受到词典覆盖范围和规则设计的限制。基于统计学习的方法则通过训练分类器来识别情感,如支持向量机(SVM)和朴素贝叶斯(Naive Bayes)等。这些方法通过从大量标注数据中学习情感特征,能够提高情感识别的准确性。然而,随着深度学习技术的发展,基于神经网络的方法在情绪识别中表现出了强大的性能。卷积神经网络(CNN)和循环神经网络(RNN)尤其是在处理文本数据时表现出色。CNN 通过提取文本中的局部特征,如词语和短语的组合关系,能够有效捕捉情感信息;RNN 则通过处理序列数据,能够捕捉文本中的长距离依赖关系,从而提高情感识别的准确性。

对话情感分析是情感分析在对话系统中的应用。在对话系统中,情感分析可以帮助机器更好地理解用户的情绪状态,从而做出更加智能和人性化的回应。对话情感分析的方法通常涉及对对话上下文的理解和分析,以及对用户情绪的实时跟踪和预测。这使得对话系统能够更加准确地把握用户的情感需求,提供更加贴心和个性化的服务。传统的对话情感分析方法包括基于规则的方法和基于机器学习的方法,而近年来深度学习方法的引入则显著提升了对话情感分析的效果。例如,使用长短期记忆网络(LSTM)和门控循环单元(GRU)等模型可以处理对话中的时序信息,从而更好地理解和预测用户的情感变化。此外,融合上下文信息和用户历史情感状态的模型也逐渐受到关注,通过综合考虑对话的上下文和用户的长期情感轨迹,能够提供更加准确和动态的情感分析。

主观分析是情感分析中的另一个重要方法,主要关注文本中的主观性表达,即作者或说话人的观点和态度。主观分析的方法通常涉及对文本中的主观词语、短语或句子的识别和分析,以及对这些主观表达的量化评估。通过主观分析,我们可以了解文本作者或说话人的情感倾向和态度,这对于情感分析、产品评价等领域具有重要的应用价值。常见的主观分析方法包括基于情感词典的方法和基于机器学习的方法。前者通过匹配文本中的情感词汇来识别主观表达,后者则通过训练分类器来识别和量化主观性。近年来,深度学习方法也被引入到主观分析中,通过构建复杂的神经网络模型来自动提取文本中的主观特征。例如,使用预训练语言模型(如 BERT 和 GPT)可以有效地捕捉文本中的隐含主观信息,从而提高主观分析的准确性。

观点摘要是情感分析在文本摘要领域的应用,旨在从大量文本数据中提取出关于某个主题或观点的关键信息,并以简洁明了的方式呈现出来。观点摘要的方法通常涉及对文本中的观点进行识别、分类和聚合,以及对这些观点进行重要性评估和排序。通过观点摘要,我们可以快速了解某个主题或观点的主要内容和趋势,为决策制定和信息传播提供有力支持。传统的观点摘要方法包括基于统计的方法和基于图模型的方法,近年来深度学习方法的引入则显著提升了观点摘要的效果。例如,使用序列到序列(Seq2Seq)模型可以生成高质量的文本摘要,结合注意力机制的模型可以更好地捕捉文本中的重要信息,从而生成更加准确和有用的观点摘要。

在情感分析的方法中,神经网络模型的应用尤为广泛。单一神经网络的情感分析方法通过构建复杂的神经网络结构来捕捉文本中的情感特征。常见的单一神经网络模型包括卷积神经网络(CNN)、循环神经网络(RNN)以及它们的变种如长短期记忆网络(LSTM)和门控循环单元(GRU)等。这些模型能够从原始文本数据中自动学习并提取出有效的情感特征表示,进而实现准确的情感分类和识别。然而,单一神经网络模型在某些情况下可能面临一些挑战,如处理复杂情感表达或跨领域情感分析等问题。因此,混合(组合、融合)神经网络的情感分析方法应运而生。这种方法通过结合不同类型的神经网络模型或结合神经网络与其他机器学习方法,以充分利用各种模型的优点并弥补彼此的不足。例如,有研究将CNN 用于捕捉文本的局部特征,而 RNN 则用于捕捉文本的时序依赖关系,通过将它们结合起来可以提高情感分析的准确性。

近年来,注意力机制在情感分析中得到了广泛应用。引入注意力机制的情感分析方法可以使得模型在处理文本时更加关注重要的信息部分,忽略无关的信息,从而提高情感分析的准确性。这种方法通过为文本中的不同部分分配不同的权重,使得模型能够更好地捕捉和理解文本中的关键情感信息。例如,基于注意力机制的 Transformer 模型在情感分析任务中表现出色,通过动态调整注意力权重,能够更好地理解和捕捉文本中的情感信息。此外,预训练模型在情感分析中也发挥了重要作用,预训练模型通常在大规模语料库上进行训练,学习文本的通用表示。这些模型具有强大的特征提取能力,可以应用于各种自然语言处理任务中。在情感分析中,可以使用预训练模型作为特征提取器,将其输出的特征向量作为后续情感分类器的输入。这种方法可以充分利用预训练模型学到的知识,提高情感分析的准确性和效率。常见的预训练模型包括 BERT、GPT 和 XLNet 等,这些模型在大量文本数据上进行预训练,能够捕捉文本中的丰富语义信息,从而在情感分析任务中表现出色。

总的来说,以上方法各具特色,在不同的应用场景中发挥着重要作用。但其共同特点是对人工情感标注的依赖以及将普遍采取情感词典作为底层逻辑。随着技术的不断发展和完善,特别是大语言模型技术的算力和算法加速迭代,情感分析的方法更加多样化和智能化,这既为我们深度研究语言中的情感现象提供了动因,同时也为我们设计更准确、更全面、更有效率的情感分析模型提供了巨大的想象空间。

3.2　主要场景

情感分析作为自然语言处理的一个重要领域,已经在许多应用场景中展现出了其不可或缺的价值。情感作为一种语义要素,广泛存在于各种文本中,而通过细分这些文本并结合系统功能语言学的解构方法,可以更深入地理解和应用情感分析技术。系统功能语言学是一种以问题为导向的语言学理论,强调语言的功能性和适用性。因此,对情感分析的应用场景进行描述和分析,具有重要的理论和实践意义。

随着电子商务的迅猛发展,消费者对产品的评价已经成为影响购买决策的关键因素之一。情感分析技术可以对消费者的评价进行深度挖掘,帮助商家了解产品的优势与不足,以及消费者的需求和偏好。通过对评价文本进行情感打分和关键词提取,商家可以迅速掌握市场反馈,进而调整产品策略、优化服务,提升消费者的购物体验。例如,通过情感分析,商家可以发现某款产品的常见问题并及时改进,同时也可以识别出受欢迎的产品特性,以便在未来的产品设计中加以保留和强化。此外,情感分析还可以帮助商家发现潜在的竞争对手和市场趋势。通过对市场上大量产品评价的情感分析,商家可以了解竞争对手的优劣势以及市场需求的变化,从而制定更加精准的营销策略。例如,通过分析消费者对竞品的负面评价,商家可以识别出消费者不满的主要原因,并在自家产品中避免这些问题。同时,通过分析消费者对竞品的正面评价,商家也可以了解哪些特性最受欢迎,从而在自家产品中加以借鉴和优化。

社交平台是情感分析的重要应用领域之一。在这个信息爆炸的时代,公众对某一事件或话题的情绪反应往往能够迅速传播并引发广泛关注。情感分析技术可以对社交平台上的大量文本数据进行实时监测和分析,帮助品牌管理者了解公众对品牌的情感态度,及时发现并应对潜在的危机。例如,当某个品牌遭遇负面新闻时,情感分析可以帮助品牌管理者迅速识别出负面情绪的源头和传播路径,从而及时采取应对措施,避免危机进一步扩大。同时,情感分析还可以为市场营销提供有力的支持。通过对社交平台上用户情感的分析,品牌管理者可以了解目标受众的喜好和需求,制定更加精准的推广策略。例如,通过情感分析,品牌可以识别出用户最关心的话题和趋势,从而在营销活动中加以利用,以便更好地吸引用户的关注和参与。此外,情感分析还可以用于评估公关活动的效果,通过分析用户对公关活动的情感反应,品牌可以了解活动的成功与不足,为未来的公关活动提供参考和改进方向。

在信息时代,政府和企业的形象对其社会影响力有着至关重要的作用。情感分析技术可以对评论信息进行深度挖掘和分析,帮助政府和企业了解公众对某一事件的看法和情绪反应,及时发现并修补潜在的负面形象。例如,当政府出台新的政策时,情感分析可以帮助政府部门了解公众的情绪反应,从而及时调整宣传和执行策略,确保政策的顺利实施。同时,情感分析还可以为政府和企业提供形象预警服务,帮助他们提前预测和应对可能出现的危机,避免形象受损。此外,情感分析还可以帮助政府和企业更好地把握公众的需求和期望,优化决策,提升公众的信任度和满意度。例如,通过情感分析,政府可以了解公众对某一公共服务的满意度,并据此改进服务质量和效率。同样,企业也可以通过情感分析了解消费者对产品和服务的反馈,及时调整运营策略,提升客户满意度和忠诚度。

随着客户服务需求的不断增长,提供更加个性化和高效的服务已经成为客服行业面临的重要挑战。情感分析技术可以通过分析客户的情绪状态和需求,为客服人员提供更加精准的服务建议。例如,当客户表现出不满或愤怒的情绪时,客服人员可以及时调整沟通方式,采用更加耐心和细致的服务态度来安抚客户的情绪;当客户表现出满意或高兴的情绪时,客服人员则可以进一步推荐相关产品或服务,提升客户满意度和忠诚度。通过情感分析,客服平台可以实现更加智能化和人性化的服务,提升客户体验和企业形象。例如,情感分析可以帮助客服平台识别出常见的客户情绪问题,并提供相应的处理建议,从而提高客服人员的工作效率和服务质量。同时,情感分析还可以帮助客服平台识别出客户需求的变化趋势,为产品和服务的改进提供数据支持。

随着人工智能技术的不断发展,越来越多的智能对话系统开始应用于人们的日常生活中。情感分析技术可以帮助这些系统更好地理解和响应用户的情绪状态,使得对话更加自然和流畅。例如,当用户表达出疑惑或困惑时,智能对话系统可以通过情感分析识别出用户的情绪状态,并给出相应的解释和说明;当用户表达出高兴或兴奋的情绪时,系统则可以给予积极的回应和鼓励。通过情感分析,智能对话系统可以更加智能地理解用户的需求和情绪,提供更加贴心和个性化的服务。例如,在智能家居助手中,情感分析可以帮助系统识别用户的情绪变化,从而调整音乐播放、照明等设置,提升用户的生活体验。同样,在智能客服系统中,情感分析可以帮助系统识别客户的情绪状态,并据此调整沟通策略,提高客户满意度和忠诚度。

除了以上几个主要应用领域外,情感分析还可以应用于其他任务中。例如,立场识别是情感分析的一个重要分支,它旨在识别文本中作者或说话人对某一主题或事件的立场和态度。这对于新闻报道、政治演讲等领域的文本分析具有重要意义。例如,通过情感分析,可以识别出新闻报道中的倾向性,帮助读者更加全面地了解事件的背景和真相。反讽识别也是情感分析的一个挑战性问题。反讽作为一种特殊的语言现象,往往包含着与字面意思相反的情感倾向。因此,如何准确地识别和理解反讽文本中的情感是情感分析领域的一个重要研究方向。例如,通过情感分析,可以识别出社交媒体上用户的反讽表达,帮助品牌管理者更加准确地理解用户的真实情感态度。此外,情感原因推理也是情感分析的一个新兴任务,它旨在探索情感产生的原因和机制,为情感分析和理解提供更加深入和全面的视角。例如,通过情感分析,可以识别出用户情感变化的原因,帮助品牌管理者了解用户的真实需求和痛点,从而制定更加有效的营销策略。

尽管情感分析在各个领域中的应用已经取得了显著的进展,但仍然存在一些技术难点和发展方向需要解决。首先,情感分析需要更加准确地识别和理解文本中的情感倾向和表达方式。这涉及对文本中词汇、句法、语义等多个层面的深入分析。同时,由于不同领域和背景下的情感表达方式存在差异,因此情感分析还需要具备跨领域和跨语言的适应能力。例如,在不同文化背景下,情感表达的方式和习惯可能存在显著差异,情感分析需要能够识别和适应这些差异,以提供更加准确的分析结果。其次,情感分析需要充分利用更多的上下文信息和其他知识表示来提高分析的准确性和深度。例如,结合知识图谱、实体识别等技术,可以更好地理解文本中的实体关系和事件背景,从而更加准确地判断文本的情感倾向。例如,通过引入知识图谱,情感分析可以识别出文本中的实体和事件之间的关系,从而更加准确地理解文本的情感表达。此外,随着深度学习技术的不断发展,情感分析还可以进一步探索更加有效的模型结构和优化算法,提高情感分析的效率和性能。例如,通过引入注意力机制,可以提高模型在长文本中的情感识别能力;通过使用预训练模型,可以提高情感分析在小样本数据中的表现。随着技术的不断进步,情感分析将在更多领域中发挥重要作用,为各行各业提供更加有力的支持。

3.3 情 感 资 源

在系统功能语言学中,"资源"一词通常指的是语言系统中的各种选项,这些选项可供说话者用来构建和组织语言表达,以实现特定的交际目的。在这一框架下,情感资源被视为实现情感传达的关键构成要素。这些资源包括词汇、语法结构、语音特征、语境和评价等,它们共同构成了语言功能系统。根据这一理论,语言被理解为一种意义潜势,话语产生过程中,语言用户通过选择系统中的不同情感资源来传达特定的情感意义。这些情感资源按照一定的系统排列,形成不同的情感功能选项。说话者可以根据交际的需求,从这些选项中做出适合的选择,以实现其交际目标。

例如,在日常交流中,当一个人描述一个令人愉快的事件时,他可能会使用诸如"美好""愉快""令人兴奋"等积极的情感词语,并结合积极的语法结构,如形容词修饰语和强调句式,以加强情感表达的效果。相反,在表达负面情感时,如"失望""沮丧""令人沮丧"等的词语和相应的语法结构将被选择,以传达负面的情感状态。通过这些选择,情感资源不仅反映了说话者的情感体验,也符合交际的目的和语境要求。

本书之所以未采用"评价资源"这一术语,是因为情感不仅涵盖了评价的全部内容,还包括由其他两个元功能(概念元功能和语篇元功能)衍生出的语言资源。此外,语境的引入使得不同语言和文化中的情感资源也需纳入研究视野。不同语言和文化对情感的分类和表达方式有所不同。例如,某些语言可能拥有特定的词语来描述某种特定的情感状态,这些词语在其他语言中可能没有直接的对应。例如,在现代汉语中,网络词语如"囧"表示的情感状态在英语中可能没有直接对应的词语,这种文化差异使得跨语言的情感分析变得更加复杂。同时,不同文化对情感表达的强度和频率也有不同的期待,这影响了情感的表达和理解。在微观层面上,情感表达可能与特定的交际目的密切相关,并受到互文的制约。也就是说,与评价资源主要关注的人际元功能不同,情感资源在概念元功能和语篇元功能上的体现,以及直接受到语境的调节,体现了语言使用中的多维性和复杂性。

因此,将情感视为一种资源,语篇中的情感语义的实质表现为针对特定话题的情感资源在词汇和语法层面的调用。这一揭示过程不仅深化了我们对语言功能的理解,也为情感分析提供了有力的理论支持。语言具有表达情感、调节人际关系、构建社会身份等多重功能。例如,在社交媒体上的情感表达,不仅可以揭示个人的情感状态,还可以反映出社会对某一事件的情感共鸣。通过分析语言的结构和用法,我们可以揭示其中蕴含的情感资源,从而理解说话者的情感状态和意图。

在情感分析中,语境的考虑尤为重要。深入分析语境因素有助于更准确地把握语言中的情感色彩和内涵,避免误解和歧义。例如,在不同的语境下,相同的词语可能会传达不同的情感意义。一个词语在正式的商业报告中可能表达中立或积极的情感,而在个人日记中则可能传达出负面的情感。因此,对情感资源的分析不仅需要关注词汇和语法结构,还需要考虑语境的影响,以全面理解语言中的情感表达。

系统功能语言学对情感资源的分析并非要摈弃建立在词汇基础上的评价资源的必要性。事实上,本书在强调整体语言观的前提下,完全接受词汇和其他形式层面的分析。不同层面的分析需要功能细化。例如,通过分析词语的选择和搭配,可以发现某些词语在特定语境下具有特定的情感意义。通过分析语法结构,可以揭示语言中的主客观关系、信息焦点等情感表达手段。例如,通过分析一个句子的语法结构,我们可以识别出其中的主观情感倾向,如"我觉得这个决定非常糟糕"中的"糟糕"体现了主观的负面情感。

此外,通过分析语篇的连贯性和信息流动,可以理解说话者如何通过语言构建情感氛围和传达情感信息。例如,在一篇描述婚礼的文章中,作者通过情感丰富的词语和生动的叙述,构建了一种幸福和喜悦的氛围,这种氛围在整个语篇中得以连贯和强化。语言使用者并非被动地接受语言规则,而是根据自己的需求和意图主动选择和使用语言。因此,在情感分析中,需要关注语言使用者的主观体验和情感表达,理解他们如何通过语言来构建和传达自己的情感世界。这一过程不仅涉及语言形式的选择,也涉及使用者的情感认知和社会互动,从而形成了语言功能的多样性和复杂性。

3.4　功能情感

表达情感是语言最基本的功能之一。然而,传统的结构主义语言学并未将情感与语言的关系置于核心地位。结构主义语言学的核心观点认为语言是由一系列相互关联的结构组成的系统,这些结构包括语音、词汇、语法等。在这一视角下,言语(Parole)被视为个体在实际使用语言时所发出的具体言论,代表了语言的个体化体现,是人们在实际交流中使用语言的方式。言语活动不仅包括发音和词语选择,还涉及非语言的交际要素,如语调、肢体语言等。因此,言语活动被视为动态的、多维的,它不是对语言符号的简单运用,而是包含了说话者的意图、情感、语境等多种因素。

在结构主义语言学的框架中,情感被认为是外部语言学的研究范畴,因此情感内容涉及的是语言之外的实际情况,而非语言本身。因此,情感以及其他社会因素并未成为结构主义语言学的主要关注对象。这种视角固然为语言的形式和结构提供了深刻的理解,但未能充分探讨情感在语言中的核心作用。

与结构主义语言学的观点不同,系统功能语言学从功能角度出发,对情感的分析展现了其独特的优势。系统功能语言学的理论基础是语言的三大元功能:概念功能、人际功能和语篇功能。这三种元功能虽然各自关注语言的不同方面,但都以不同方式预设了情感资源。概念功能涉及语言如何表达我们对现实世界的经验和认知,包括情感的体验。例如,通过描述个人经历或感受,表达个人的情感状态。在这方面,语言不仅反映了外部世界,还映射了内心的情感。

人际功能则关注语言在建立和维护社会关系中的作用,这包括情感的表达和协商。通过使用表达态度和情感的词语和短语,语言可以体现说话者的情感状态。例如,在社交互动中,通过使用"我非常高兴"这种表达方式,话语不仅传达了高兴的情感,还加强了与听者的情感联系。

语篇功能则涉及语言如何组织成连贯的语篇,这也包括情感的表达。通过语篇的布局、信息的呈现顺序和强调,语言可以传达说话者的情感态度。例如,通过使用倒装句或强调句来突出某个情感信息,语篇功能帮助强化了情感的表达。语调和语音的变异,如升降调、节奏和强度,也是语篇功能的一部分,它们共同作用于情感的传递。

通过深入分析三大元功能及其在词汇和语法层面的实现,可以有效地揭示语言中的情感资源。在日常交流中,我们不仅仅是在传递信息,更是在通过语言传达我们的情感状态、对事物的评价以及对某一观点的立场。这种表达可以是直接的,也可以是含蓄的,无论形式如何,它们都是语言中不可或缺的情感资源。例如,通过选择特定的情感词汇,如"满意"或"失望",说话者可以明确表达对某件事的态度。通过语气的选择,如命令、请求、疑问或陈述,说话者可以传达出不同的情感色彩。

隐式情感的分析则更为复杂。这不仅需要系统观和层次观,还要引入语境,强调语境在理解情感资源中的重要性。不同的语境可能使同一句话产生不同的情感解读。例如,相同的句子"这真是太好了",在正式的工作场合中可能表达谨慎的赞许,而在私人聊天中则可能传达强烈的喜悦。因此,在具体分析过程中,我们需要将语言置于其发生的具体语境中进行分析,以更准确地把握其中的情感资源。

在实际分析过程中,我们可以通过对文本的细读,识别出说话者使用的情感词汇、语气和情态标记等,进而理解其态度、评价和立场。同时,我们还可以结合语境信息,考虑说话者的社会背景、交际目的以及听话者的反应等因素,对情感资源进行更加深入的解读。例如,通过分析文本中使用的情感词汇和语法结构,可以揭示说话者对某一事件的情感态度。此外,随着深度学习工具的迭代和大语言模型的普及,以语境建模为指向的思路为情感分析提供了更多的施展空间,使得情感分析更加精准和全面。

3.5　评价语境

　　评价,作为情感、态度和立场的总称,体现了语言在表达个人情感以及社会互动中的核心作用。在系统功能语言学和评价理论的框架下,评价不仅仅是对人际元功能的具象化分析,更是作为一种分析工具,专注于揭示语言中评价性语言的运作机制。评价理论的主要目标是探讨语言如何通过特定的资源来表达对事物、事件或个体的态度、情感和立场。这些资源不仅包括情感词汇、态度标记和判断性陈述等语言特征,还涉及更广泛的社会互动和意识形态背景。

　　评价理论的核心在于揭示说话者如何通过语言资源来表达个人的情感和立场。具体来说,评价性语言不是对情感的简单表达,而是说话者与社会环境之间互动、协商和调节社会关系的重要手段。例如,在电影评论中,使用"这部影片精彩绝伦"来表达强烈的正面评价,与使用"这部影片乏善可陈"表达负面评价,虽然语言形式有所不同,但背后都蕴含了深刻的情感态度和评价标准。评价理论提供了一个深入的分析工具,帮助我们理解文本中的情感色彩和作者的立场,从而更全面地解读文本所传达的信息和意图。

　　在评价理论中,研究者关注的语言特征包括情感词汇(如"喜爱"与"厌恶")、态度标记(如"显然"与"我认为")以及判断性陈述(如"这是最好的"与"这是最糟的")。这些特征不仅传达了说话者的情感状态,还揭示了他们对事物或事件的看法。例如,学术文章中的"该研究结果具有重要的学术价值"与"该研究结果几乎没有实际意义"的对比,展示了不同的评价立场和情感态度。通过对这些特征的深入分析,研究者可以识别文本中的情感色彩,理解作者对人物或事件的评价和看法,从而更好地把握文本的意图和信息。

　　在更宏观的层面上,评价资源与语境之间的关系显得尤为重要。所谓评价语境,不仅包括评价资源所处的社会文化背景和情景环境,也包括上下文语境。语境在理解评价性语言中的作用至关重要,因为相同的评价性语言在不同的语境中可能会产生截然不同的解读。例如,在一次商业会议中,句子"该提案有待改进"可能被理解为建设性的批评,而在私人讨论中,可能会被解读为强烈的不满。语言的意义不仅由词汇和句法结构决定,还与特定的社会和文化背景紧密相关。分析评价性语言时,语境的考量可以帮助我们更准确地理解语言中的情感表达。

　　语境的考量在 Hallidy 的理论体系中是使用"话语范围""话语基调"和"话语方式"这三个变元来描述的。语境三变元分别对应着话题类型参与者关系和对话的方式,包括时间、地点、参与者活动等因素,这些因素共同决定了语言的情感基调。比如,在紧急的医疗救援场景中,描述情况的语言可能显得更加紧迫和直接,而在新闻报道中,描述相同情境的语言则可能更加客观和中立。通过关注这些语境特征,能够更好地捕捉和理解语言中的情感色彩和评价资源。

　　参与者之间的关系也是影响评价的重要因素。评价的直接性和强度通常取决于说话者与听话者之间的关系。在亲密的朋友之间,评价可能更为直接和热情;而在正式的商务场合,评价则可能更加含蓄和克制。例如,在一个社交场合中,朋友对新餐厅的评价可能是"这家餐厅真是太棒了",而在商业会议中,类似的评价可能会被表达为"这家餐厅的服务值得进一步优化"。理解参与者之间的社会角色、权力关系和情感联系,对于准确把握语言中的情感表达至关重要。

作为语境三变元之一的话语方式,同样是分析评价资源时不可忽视的因素。说话者选择特定的情感表达方式,通常是为了实现特定的交际目的,如建立关系、表达态度或说服他人。这些表达方式不仅影响说话者的意图,也对听话者产生特定的效果。例如,在广告宣传中,使用"无与伦比的舒适"作为描述词语,可以激发潜在顾客的兴趣和购买欲望,而在产品评测中,类似的表述可能会被解读为夸张和不实。关注话语的交际功能和情感效果,有助于揭示说话者的真实意图和听话者的反应。

因此,将文本置于其发生的具体语境中进行分析,是准确把握说话者评价意图和情感倾向的关键。通过整合语境三变元(包括时间、地点、参与者活动)和运用评价理论的分析工具,我们能够更深入地理解语言中的评价资源及其在特定语境中的作用。这种分析方法不仅丰富了系统功能语言学的理论框架,也为文本解读和人际交流提供了新的视角和思路,从而推动了对语言中情感表达和社会现象的深入理解。

3.6　篇　章　情　感

在系统功能语言学的框架下,语篇不仅是语言分析的基本单位,也是情感分析的重要单位。语篇分析方法专注于如何在整体语言结构中选择和组织语言资源,以实现信息传递、互动体现和语篇组织等多重目的。这种分析方法为理解情感如何在文本中被构建和传达提供了强有力的工具。将语篇作为情感分析的单位,有助于深入探讨情感是如何在语言的整体构建中逐步形成和表现的。

在情感分析中,将语篇作为单位强调了语言资源的选择对于构建文本情感的重要性。作者通过特定的词语、句式和语气来传达情感,这些语言资源的选择直接影响文本的情感色彩。例如,选择积极的词汇如"卓越""欣喜",与消极的词汇如"失望""糟糕",能够显著改变文本的情感色彩。同样,句式的直接性与委婉性也会影响情感的传达,直接的陈述句如"这是一场成功的演出"传达了明确的积极情感,而委婉的表达如"演出还算不错"则可能反映出一种更为含蓄的情感态度。此外,语气的热情或冷淡也会影响情感的表现,例如,"真是太棒了!"表现出热情和激动,而"还好"则显得冷淡和中立。

通过将语篇作为情感单位,可以系统地分析语言资源在文本中的分布、排列及其逻辑关系,从而深入理解情感在文本中的构建和深化过程。例如,在一篇广告文本中,广告主可能会通过重复使用正面评价的词汇(如"优质""超值")和强调用户满意的语句(如"顾客满意度100％")来构建一种积极的情感氛围。文本中这些语言资源的选择和组织展示了广告主如何通过语言技巧和策略影响读者的情感反应。通过分析这些策略,研究者能够揭示出情感是如何通过语言的系统性安排在文本中逐步建立的。

此外,以语篇为情感单位也强调了互动在情感构建中的作用。文本不仅仅是作者单方面的表达,更是作者与读者之间互动和交流的媒介。在情感分析中,分析文本中的指示语、人称代词等互动资源,可以揭示说话人如何与受话人建立情感联系。举例来说,在一篇亲密的社交媒体帖子中,作者可能使用第二人称代词"你"以及亲切的称呼来直接与读者交流,增强情感的亲密感。例如,帖子中的"你一定会喜欢这款产品,它绝对符合你的需求!"通过直接的称呼和语气,增强了与读者的情感连接。而在正式的新闻报道中,作者可能使用第三人称或被动语态,保持一种客观和中立的语气,从而影响读者对信息的情感反应。

借鉴语篇分析方法进行情感分析,有助于揭示情感在文本中的构建和传达过程。通过对语言资源的选择、组织和互动模式的深入分析,可以更好地理解作者的写作意图和情感表达。例如,在分析一篇关于社会问题的评论文章时,通过识别文章中的情感词汇、语气以及作者与读者之间的互动方式,可以更准确地把握作者对该问题的态度和情感倾向。同时,这种分析方法也有助于理解读者对这些情感信息如何解读和有何反应,从而提供对情感表达更全面的视角。

将语篇作为情感分析的单位能够全面揭示语言在情感构建中的作用。通过深入分析语言资源的选择和组织,互动模式以及情感表达的整体布局,我们不仅能够更准确地理解文本的情感色彩和作者的意图,还能更好地把握读者的情感反应。这种方法不仅增强了对文本情感的解析能力,也为情感分析提供了新的视角和思路,推动了情感分析理论和实践的发展。

第4章 面向模型的情感观

　　模型在学术研究中扮演着关键角色,它们是对现实世界中的系统、过程或现象的简化表征。模型可以是物理的、数学的或概念性的,其主要目的是帮助我们更好地理解、分析和预测现实世界的复杂现象。在人工智能和机器学习领域,模型通常指代那些用于数据分析和预测的数学模型。这些模型可能包括线性模型、非线性模型、统计模型,以及基于机器学习算法的模型,如神经网络、决策树、支持向量机等。这些数学模型通过算法对数据进行处理,从而实现对复杂现象的准确描述和预测。

　　在系统功能语言学中,虽然模型的概念并不像在数学或计算机科学中那样直观,但它依然具有重要意义。如前所述,系统功能语言学的核心思想是通过理论模型来分析语言的结构和功能,以便更好地理解语言在交际中的基本属性和过程。系统功能语言学的理论模型,特别是 Halliday 的功能语法模型,提供了一个系统的框架,用于分析语言的各种功能,包括概念功能、人际功能和语篇功能。这些功能是通过语言的各个层面—从词汇到句法结构来实现的,因此,系统功能语言学本身可以看作是一个语言模型,通过对语言形式和功能的深入分析,帮助我们理解语言如何在不同的语境中运作。

　　在情感分析的背景下,构建一个有效的模型至关重要。情感分析模型旨在识别和处理文本中的情感信息,以提供关于作者情感态度和文本情感色彩的深入洞察。在第 2 章和第 3 章中,我们已经对系统功能语言学如何进行情感分析进行了详细探讨,包括其理论基础和实际应用。因此,本章将基于这些理论背景,为构建新的情感分析模型提供特征描述和设计原则。这些特征和原则将指导我们在设计和实现情感分析模型时的各个方面,确保模型的有效性和实用性。

　　系统功能语言学的情感观是研究方法设计以及情感建模的灵魂和指导思想。相比现有的情感分析理论,新的情感分析模型设计具有以下特征:语境的敏感性、情感的功能性、分析的系统性、单位的延展性、路径的多元性、模型的鲁棒性、预处理的重要性。通过对模型特征的详细描述和设计原则的明确界定,我们可以确保新模型在实际应用中的有效性和适用性。这些特征和原则不仅为情感分析提供了理论基础,还为模型的实际实现提供了指导,从而推动情感分析技术的发展和应用。

4.1 语境的敏感性

　　在语言分析中,语境的作用不可忽视,因为语言的意义总是与特定的社会和文化背景紧密相关。正如前文所述,语言并非孤立存在,而是嵌入于特定的语境中,这一观点在情感表达的理解和建模中显得尤为重要。情感表达的形式和效果常常受制于语境的影响,不同的场景、参与者的关系以及话语的目的都可能引发情感表达的显著差异。因此,精准把握语境对于理解和建模情感表达至关重要。

在系统功能语言学和评价理论中,语境被视为一个多维度的概念。它不仅涵盖了话语发生的物理环境,也包括社会文化背景和参与者的心理状态等因素。通过这种多维度的语境观,情感分析模型能够更全面地考虑情感表达的各类影响因素。例如,当我们分析一段对话中的情感表达时,必须充分考虑对话发生的具体场景——无论是家庭聚餐、工作会议还是朋友聚会。这些场景往往为情感表达设定了特定的基调,并对情感的构建和传达产生深远影响。家庭聚餐场合下,情感表达通常显得亲密和自然,而在正式的工作会议上,情感表达则可能更加正式和克制。

此外,参与者之间的社会角色和权力关系也对情感表达的方式和强度产生重要影响。例如,在上下级之间的对话中,情感表达可能显得更为谨慎和含蓄,这是因为下级通常需要保持对上级的尊重,而上级则可能更倾向于使用权威性的语气。相反,在亲密的朋友之间,情感表达可能更加直接和热烈,因为朋友之间的互动往往具有较高的情感亲密度和自由度。这种社会角色和权力关系的考量可以通过社会分化的角度进行详细描述,从而更准确地揭示情感表达背后的社会心理因素。

除了物理环境和社会关系外,话语的目的和效果也是影响情感表达的重要因素。话语的目的往往决定了情感表达的策略和选择。例如,在广告文本中,情感表达通常用于吸引消费者的注意力并激发其购买欲望,因此广告语言中常常充满了积极的情感色彩和夸张的表达方式。相对而言,在政治演讲中,情感表达则旨在激发听众的共鸣和支持,演讲者可能使用更为激情和动情的语言,以增强听众的认同感和参与感。系统功能语言学通过分析话语的目的和效果,能够揭示情感表达在交际过程中的重要作用,并帮助我们理解语言如何在不同的交际场合中发挥其情感功能。

另外,Halliday 和其他系统功能语言学家,通过将"语类"和"语域"的概念引入语境研究,把语域看作语境在词汇-语法层的实现,并分为"话语范围""话语基调"和"话语模式"三个切片,在此基础上提出了构型概念。通过对语境的切片和聚合性描述,可以更准确地把握情感表达的影响因素和变化规律。这种方法不仅有助于深入理解语言现象的本质,也为实际应用中的情感表达建模提供了理论支持。例如,借助对语境的详细分析,可以更好地捕捉文本中的情感色彩,从而提高情感分析模型的准确性和实用性。

当然,复杂情感表达的建模可能需要结合其他语言学理论和方法,例如语用学理论和社会语言学理论,以更全面地理解和建模情感表达。此外,不同文化背景下的情感表达差异也值得进一步研究,以揭示文化对情感表达的影响。这种跨文化的研究不仅有助于丰富情感分析的理论基础,还能够提升情感分析技术的全球适用性。但不可否认的是,随着人工智能和自然语言处理技术的不断进步,语境建模逐渐成为可能。而情感分析的语境敏感性不仅为我们提供了新的视角和方法,通过将语境变元理论应用于情感分析技术的研究中,我们也可以开发出更为精准的情感识别算法,将语境参数纳入分析模型,从而显著提升情感分析模型的性能和可靠性。

4.2 情感的功能性

在构建新的情感分析模型时,我们强调情感的功能性,特别是与现有的方法相比,不仅关注情感形式的描写,还着重于情感功能的全面体现和理解。特别是在人际功能方面,我们将其视为最重要的分析网络,因为人际功能反映了语言在建立和维护人际关系中的能力,对说话者如何通过语言表达自己的身份、态度、观点和情感进行全面评估和描写至关重要。

在人际功能中,情感表达并不是孤立存在的,而是与语言的其他部分紧密交织。语气和情态系统是表达情感和态度的关键途径。语气可以表现为陈述、疑问、命令或提供等形式,而情态则涉及可能性、义务和意愿等概念。这些语言资源为说话者提供了丰富的手段来传达自己的情感和立场。例如,在表达请求时,不同的语气和情态选择会导致不同的情感效果,如"请你关上门"和"你能关上门吗?"传达的情感态度显然不同。前者直接而可能显得命令式,而后者则更为礼貌和委婉。这些细微的差别反映了语气和情态在情感表达中的重要作用。因此,在情感分析模型中,应充分吸收理论语言学的研究成果,对词汇和语法层面的情感标记进行全面体现。

当然,人际功能中的情感表达不仅受到语法和词汇选择的影响,还与语境密切相关。情感表达在不同的语境中可能呈现出不同的形式和意义。例如,在正式会议上的情感表达往往较为正式和保守,而在家庭聚餐中则可能更加亲密和随意。这意味着情感形式的描写和语境描写需要进行细致的协调。如何将评价资源(显性情感表达)和隐式情感资源(如潜在的态度和情感倾向)进行整合,是情感分析中亟待解决的问题。通过综合考虑语法、词汇和语境因素,我们可以更准确地捕捉和理解语言中的情感表达。

此外,人际功能中的情感表达还与语言的其他元功能相互作用。概念功能,即语言描述和分类世界的能力,通过词汇和语法结构来描述和分类情感状态。例如,词汇选择如"开心""愤怒"直接传达了不同的情感状态,而复杂的句法结构可以细致地描绘情感的强度和原因。语篇功能,即语言组织信息的能力,则确保情感表达能够在连贯和通顺的语境中得以呈现。例如,一篇文章中的情感表达需要通过连贯的叙述和逻辑结构来传达作者的态度和情感,从而达到预期的交流效果。因此,情感分析模型需要揭示这些元功能之间的复杂互动,并在参数设计中体现其多样性和复杂性。

情感建模是一个复杂的过程,它涉及对语言中的情感资源进行提取、分析和表示。系统功能语言学为这一过程提供了有力的工具和方法,使我们能够更准确地捕捉和描述语言中的情感表达。通过深入分析语言中的语气、情态、词汇和语境等因素,我们可以揭示语言的情感资源,并理解说话者如何通过这些资源来表达自己的情感和立场。例如,分析一个政治演讲的情感表达时,我们不仅要关注演讲者的词汇和句法选择,还要考虑演讲的具体场景、听众的期望和互动方式。这种综合分析有助于我们提升语言理解和交流能力,也是情感建模的重要原则。

强调情感的功能性,在情感分析模型中考虑人际功能和语境因素,可以帮助我们更全面地理解和建模情感表达。这不仅提升了情感分析的准确性和实用性,也为我们提供了深入理解语言现象的新视角。在未来的研究中,我们应继续深化对情感功能性的探讨,结合其他语言学理论和方法,以实现对情感表达更全面的理解和更精确的建模。

4.3　分析的系统性

迄今为止的情感分析模型多以统计为操作基础,对显性情感尤为有效。然而,这些模型在处理细粒度的情感分析、隐式情感以及跨文化情感时仍存在较大改进空间。要建立新的情感分析模型,需要对情感进行系统化的分析,采用评价理论解决细粒度情感问题,并运用语境论和语篇论解决隐式情感和跨文化情感分析问题。评价理论在这一过程中尤为具有启发性。

评价理论第一次为认识情感现象提供了较为系统的分析框架。评价理论在多种场景下应用广泛,其核心在于系统分析语言中的评价性语言,即那些表达个人情感、态度和立场的语言特征。评价理论的系统性直接反映在情感分析的系统性中。通过评价理论建模,有助于识别文本中的情感色彩,理解作者对人物或事件的评价和看法,从而为情感建模提供了有力的工具。例如,在分析一篇文学作品时,评价理论可以帮助我们识别出作者在描述不同角色时使用的情感词汇和语法结构,从而揭示出作者对这些角色的态度和评价。

在情感分析中,评价理论的系统性体现在其与语境的结合和对词汇-语法的映射。通过分析文本中的评价性词汇和句式,可以揭示出作者或说话者隐含的情感、态度和价值观。例如,一个作者在描述一位英雄人物时,可能会使用许多正面评价的词汇,如"勇敢""坚强"等,而在描述一个反派角色时,则可能会使用负面评价的词汇,如"狡猾""邪恶"等。通过这种词汇和句式的分析,我们可以更好地理解作者的情感立场和文本的情感色彩。同时,评价理论强调情感表达与语境的紧密联系,通过评价资源的语境描述,不仅有助于我们深入理解文本的意义,还能揭示出文本背后的社会、文化和心理因素。例如,在分析一篇新闻报道时,评价理论可以帮助我们识别出报道中使用的情感词汇和句式,并分析这些情感表达是如何与新闻事件的社会背景和文化背景相关联的。通过这种分析,我们可以更全面地理解新闻报道的情感色彩和潜在的价值观。

评价理论的系统性还体现在其对情感表达的细粒度分析中。通过对评价性语言进行细致的分类和分析,我们可以揭示出情感表达的不同层次和细微差别。例如,通过分析一个文本中使用的评价性形容词、副词和动词,我们可以识别出文本中表达的不同情感强度和态度倾向。这种细粒度的情感分析不仅有助于我们更准确地理解文本的情感色彩,还能为情感建模提供更细致的输入数据,从而提高模型的准确性和鲁棒性。

此外,评价理论的系统性也体现在其对隐式情感和跨文化情感的分析中。通过结合语境论和语篇论,评价理论可以帮助我们识别和理解文本中的隐式情感表达。例如,一个作者在描述一个负面事件时,可能会使用间接或隐含的方式表达自己的情感,如通过反问句、隐喻或讽刺等手法。通过评价理论的分析,我们可以揭示出这些隐含的情感表达,从而更全面地理解文本的情感色彩。对于跨文化情感的分析,评价理论的系统性同样体现。不同文化背景下的情感表达可能存在显著差异,而评价理论提供了一种系统化的方法来识别和分析这些差异。例如,在不同文化中,对同一事件的情感反应可能存在很大差异,通过评价理论的跨文化分析,我们可以揭示出这些差异背后的文化价值观和社会规范,从而更好地理解和解释不同文化中的情感表达。

评价理论在新的情感分析模型中发挥着关键作用,通过系统化的情感分析,可以揭示文本中的情感资源,并理解作者或说话者的情感立场和价值观。这不仅有助于我们深入理解文本的意义和情感色彩,还能为情感分析模型在多个领域的研究和实践提供有力的支持。通过结合评价理论、语境论和语篇论,我们可以建立更加全面和准确的情感分析模型,从而提升情感分析的整体效果和应用价值。

4.4 单位的延展性

单位的延展性主要是指在情感分析过程中,需对词汇-语法系统进行层次化的认识。情感分析的单位不应仅限于词汇层面,而应扩展到小句和语篇层面。通过对语篇进行情感分析,能够更深入地探究语言资源如何在整个文本层面上被精心选择和组织。这不仅关注词汇和句子的意义,还重视这些语言元素如何共同构建一个完整、连贯的文本,以实现信息的传递、互动的体现以及整体结构的组织。在情感建模的语境下,这种分析方法尤为重要,因为它能够揭示情感是如何在文本的深层结构中得以构建和传达的。

情感分析的单位延展到语篇层面,需要集中分析语言资源的选择,探索词汇、语法结构、句式以及衔接手段等多个方面的情感表现。例如,在表达积极情感时,作者可能会选择使用明亮的词汇、活泼的句式和丰富的衔接手段,以营造一种欢快、愉悦的氛围。反之,在表达消极情感时,作者可能会选择使用暗淡的词汇、沉重的句式和较少的衔接手段,以传达出沉重、悲伤的情感。这种语言资源的选择不仅反映了作者的情感状态,也在很大程度上影响了读者的情感共鸣。

语言资源的组织成一个连贯的文本,涉及文本的宏观结构和微观结构。宏观结构是指文本的整体框架和主题发展,而微观结构则是指句子和句子之间的衔接和连贯。在情感建模中,这种结构分析尤为重要。例如,通过分析文本的宏观结构,我们可以理解作者如何逐步引入、展开和深化情感主题;通过分析微观结构,我们可以揭示出作者是如何通过巧妙的衔接和连贯手段,将情感表达得更为细腻和生动。例如,一个文本可能通过层层递进的结构来逐步加深情感的表达,或者通过对比和反复的手法来强化某种情感效果。

单位的延展性还表现在对语篇中的互动关系的关注,包括作者与读者之间的互动,以及文本内部不同部分之间的互动。在情感建模中,这种互动关系的分析有助于理解情感是如何在作者和读者之间传递的,以及文本内部不同部分是如何共同构建和强化情感的。例如,作者可能会通过特定的语气和语调来引导读者的情感反应,或者通过重复和对比等修辞手法来强化情感的表达。例如,在一篇鼓舞人心的演讲中,作者可能会反复使用鼓励性的词汇和短句,以激发听众的信心和热情;而在一篇悲伤的纪念文章中,作者可能会通过低沉的语调和细腻的情感描写来引导读者的共鸣和哀思。

单位的延展性为情感建模提供了丰富的信息源。通过深入探究语言资源的选择和组织,以及文本中的互动关系,可以揭示出情感是如何在文本的深层结构中得以构建和传达的。这不仅有助于更好地理解文本的情感内涵,也为情感分析技术的发展和改进提供了有力的支持。例如,在自然语言处理技术中,通过将情感分析的单位延展到语篇,可以开发出更加准确和精细的情感识别算法,从而提升情感分析模型的性能。

简言之,情感分析的单位延展性强调了从词汇到语篇的层次化分析,通过对语言资源的精细选择和组织,以及对语篇中互动关系的关注,能够更全面地揭示情感在文本中的构建和传达方式。这不仅提升了情感分析的深度和广度,也为实际应用中的情感建模提供了强有力的理论和技术支持。

4.5 路径的多元性

情感是极其复杂的语义要素,仅依靠统计学和概率论一种路径无法全面解决情感研究的问题。在情感研究中,我们必须明确区分情感研究的"道""术""器"。情感研究的"道"是指理论语言学中的情感研究。一个单一的研究范式无法穷尽所有的语言现象,无法面面俱到地揭示语言规律。因此,在这一层面上,任何分析都应采用多元路径。情感研究的"术"是方法。长期以来,情感分析的研究主要建立在形式句法上的统计和概率计算之上,辅以从心理学借鉴而来的情感词典方法。在这一层面上,也应博采众长,不拘一格。对于显性情感,传统方法已经取得了很大的进展;对于隐式情感等复杂场景,则需要引入话语分析和语篇分析。在这一层面上,更应强调路径的多元性。情感分析的"器"指的是工具,对于研究者来说,多种工具综合使用已成为常识。

系统功能语言学的理论、分析方法和一些分析工具对于情感分析极为重要。它们可以帮助我们更深入地理解语言与情感之间的复杂关系,揭示情感在社会和文化语境中的建构和表达。例如,通过分析语气、情态和评价性词汇,我们可以揭示说话者的情感态度和立场。此外,系统功能语言学还强调语篇的整体性和连贯性,通过分析语篇的结构和衔接手段,我们可以更全面地理解情感的表达方式。例如,在分析一篇充满积极情感的演讲时,我们不仅要关注演讲者使用的积极词汇,还要注意他们如何通过语篇结构和连贯手段来强化这种积极情感。

情感认知当然还可以吸收其他学科的成果。例如,心理学的研究可以帮助我们理解情感的内在机制和表现形式;社会学的研究可以揭示情感在不同社会文化背景下的差异;计算机科学的研究可以提供先进的情感识别和分析工具。然而,这些成果和结论主要是在"术"或"器"的层面。无论是教育领域的学生情感分析,还是媒体领域的情感倾向研究,抑或是医学领域的医患沟通分析,都可以为我们提供有力的分析工具和理论支持。这些研究不仅有助于我们更好地理解语言使用中的情感因素,也为情感建模提供了丰富的素材和案例。

情感建模是一个复杂而重要的研究领域,涉及对人类情感认知和表达的理解。通过多元路径设计,我们可以将不同领域的情感和语言数据相结合,建立更加全面和准确的情感模型。这些模型不仅可以用于理解和解释情感现象,还可以为实际应用提供有益的指导,如情感分析和情感智能等领域的发展。例如,在情感智能领域,通过综合利用语言学、心理学和计算机科学的研究成果,我们可以开发出能够准确识别和响应人类情感的智能系统。这些系统不仅可以应用于人机交互、情感计算等技术领域,还可以为教育、医疗、传媒等行业提供创新的解决方案。

情感研究需要在理论、方法和工具三个层面上采用多元路径。系统功能语言学提供了丰富的理论和方法,帮助我们深入理解语言与情感之间的复杂关系。通过吸收其他学科的研究成果,我们可以进一步拓展情感研究的广度和深度。最终,通过多元路径的设计和实施,我们能够建立更加全面和准确的情感模型,为实际应用提供有力的支持。这不仅有助于我们更好地理解和解释情感现象,也为情感分析技术的发展和改进提供了强有力的理论和实践依据。

4.6　模型的鲁棒性

模型的鲁棒性,即在面对各种挑战和变化时保持稳定性和性能的能力,是情感分析中一个至关重要的考量因素。构建情感分析模型时,数据的私密性和模型的鲁棒性常常是相辅相成、需要同步考虑的因素。系统功能语言学在情感分析模型的构建中,不仅融合了功能语言学和结构语言学的优点,还特别强调了这两方面的考量,为情感分析提供了一种更加稳健和全面的方法。

通过深入的语言结构和功能分析,系统功能语言学的情感分析模型能够更准确地捕捉文本中的情感信息。这不是简单的词汇或语法分析,而是深入探讨语言资源在文本中的选择和组织,从而更全面地理解文本的情感内涵。例如,在一篇新闻报道中,作者可能会通过特定的词汇选择和句法结构来传达其对事件的态度和情感。系统功能语言学的情感分析模型能够识别这些语言资源的选择和组合方式,从而揭示出文本背后的情感信息。由于这种分析方式深入而全面,模型在情感分析中表现出更强的鲁棒性,不易受到文本表面形式变化的影响。

其次,在情感分析中,数据的私密性是一个关键的考虑因素。情感信息往往包含个人或组织的敏感内容,如果处理不当,可能会引发隐私泄露和其他安全问题。为此,情感分析模型应基于文本的语言特征进行分析,而不需要过多的个人或背景信息。这不仅保护了数据的隐私性,还提高了模型的泛化能力。此外,可以通过匿名化处理或数据脱敏等技术手段,进一步确保数据的隐私安全。例如,在医患沟通分析中,通过将个人信息匿名化处理,既能保护患者隐私,又能对沟通中的情感进行有效分析。

模型的鲁棒性还体现在其对多种语言现象和文本类型的适应性上。语言具有高度的系统性和功能性,因此情感分析模型应被设计为能够处理不同语言之间的差异,以及不同文本类型（如正式文本、非正式文本、口语等）中的情感表达。例如，在社交媒体评论中，情感表达可能更加直接和口语化，而在学术论文中，情感表达则可能更加隐晦和正式。情感分析模型需要能够适应这些差异，准确捕捉并分析不同文本类型中的情感信息。

情感分析模型的鲁棒性还体现在其处理复杂语言环境和多样化情感表达的能力上。情感表达往往具有多层次性和复杂性，不同文化背景、不同语境中的情感表达方式可能存在显著差异。通过引入话语分析和语篇分析，可以更全面地理解和分析这些复杂的情感表达。例如，在跨文化情感分析中，模型需要能够识别并处理不同文化背景下的情感表达差异，从而提高情感分析的准确性和鲁棒性。

强调模型的鲁棒性是通过深入的语言结构和功能分析、保护数据隐私以及适应多种语言现象和文本类型来实现的。这不仅使情感分析模型能够在各种复杂的语言环境和情感表达中保持稳定和高效，还为情感分析技术的发展和应用提供了有力支持。通过这种全面和深入的设计方法，我们可以构建出更加稳健和高效的情感分析模型，为语言理解和情感建模提供新的视角和工具。

4.7　预处理的重要性

预处理在情感分析中的重要性不容忽视，它对于确保模型的准确性和效率起着至关重要的作用。在进行情感分析之前，对输入文本进行彻底的预处理是不可或缺的一步。系统功能语言学的理论框架为我们提供了有力的指导，帮助我们识别关键的语言元素并去除无关的字符，从而使模型能够专注于最关键的信息。

预处理的重要性首先体现在它能够清除文本中的噪声和无关信息。原始文本中可能包含各种标点符号、特殊字符、停用词等，这些信息对于情感分析来说通常是无关紧要的，甚至可能干扰模型的判断。通过预处理，我们可以有效地去除这些噪声，使文本更加纯净，便于模型进行后续的处理和分析。例如，在社交媒体评论中，用户可能会使用大量的表情符号和非标准拼写，这些元素虽然有时能够传达情感，但在大多数情况下，处理这些噪声有助于提高模型的准确性和一致性。通过去除这些非语言符号和标准化拼写，我们可以确保模型专注于真正有意义的情感表达。

预处理也有助于提取关键的语言特征。系统功能语言学强调语言资源的选择和组织在情感分析中的重要性。通过预处理，我们可以识别和提取文本中的关键词、短语和句法结构等关键语言特征，这些特征对于理解文本的情感倾向和态度至关重要。例如，在一篇消费者评论中，动词和形容词通常是情感表达的核心，通过提取这些词语并分析其上下文关系，可以更准确地识别评论者的情感态度。将这些关键特征作为模型的输入，可以提高情感分析的准确性和可靠性。通过这种方法，情感分析不仅能够识别显性情感表达，还能捕捉到隐含在复杂句法结构中的情感信息。

预处理还能够提高模型的效率。去除无关字符和简化文本结构可以减少模型处理数据时的计算量，从而加快分析速度。在大数据时代，处理海量文本数据是一个巨大的挑战，而有效的预处理可以显著提高模型的处理能力,使其能够更快速地应对实际应用中的需求。例如,在处理大型文本语料库时,通过预处理减少数据的冗余和复杂性,可以显著降低计算资源的消耗,提升整体处理效率。这对于实时情感分析应用,尤其是在需要快速响应的情境下,如客户服务和社交媒体监控,显得尤为重要。

预处理的另一个关键作用是确保数据的一致性和规范性。在多语言或跨文化情感分析中,不同语言和文化背景下的情感表达可能存在显著差异。通过预处理,可以对这些差异进行标准化处理,确保模型能够在不同语言和文化背景下保持一致的性能。例如,在中英文情感分析中,通过预处理步骤将两种语言的文本转换为统一的词汇和语法形式,可以提高模型在双语环境中的适用性和鲁棒性。

通过清除噪声和无关信息、提取关键语言特征、提高模型效率以及确保数据一致性,预处理为情感分析模型提供了坚实的基础。在进行情感分析之前,务必重视预处理这一环节,确保模型能够得到高质量的数据输入,从而得出更准确的分析结果。这不仅有助于提高情感分析的精度和可靠性,也为情感建模和应用提供了重要的技术支持。

综上,在情感分析领域,系统功能语言学不仅提供了对情感分析水平的深入理解,还为我们揭示了各种情感模型背后的复杂机制。这种全面而深入的视角,使得我们在建模情感表达时能够更准确地预见可能出现的问题,并提前制定解决方案。

情感并非孤立存在,而是深受语境影响。在不同的社会文化背景下,同一句话可能表达出截然不同的情感。因此,情感分析模型需要能够充分理解并考虑语境因素,否则很容易产生误判。比如,在一个特定文化中,某些表达可能具有积极的情感色彩,而在另一种文化中则可能被视为消极或中立。这种文化差异要求情感分析模型不仅要具备处理多语言文本的能力,还要能够理解各文化背景下的情感表达习惯和特征,从而提高分析的准确性。

情感表达的多样性也是情感分析面临的一大挑战。人们可以通过语言、语调、表情等多种方式来表达情感,而且不同人在表达相同情感时也可能采用完全不同的方式。这就要求情感分析模型需要具备强大的学习和泛化能力,能够从大量数据中学习到情感表达的规律,并准确识别各种复杂的情感表达形式。例如,一些情感表达可能通过隐喻、讽刺或幽默来传达,而这些表达方式需要模型具备更高的理解和解释能力,才能准确捕捉到其中的情感含义。

此外,数据质量和标注问题也是情感分析中不可忽视的挑战。情感分析模型的性能在很大程度上取决于训练数据的质量和标注的准确性。然而,在实际应用中,我们往往难以获得足够多且标注准确的数据。这可能导致模型在训练过程中出现过拟合或欠拟合等问题,从而影响其在实际应用中的表现。例如,如果训练数据中存在偏差或标注错误,模型可能会学习到不正确的情感表达模式,从而在实际应用中产生误判。因此,在构建情感分析模型时,需要充分考虑数据的质量和标注问题,并采取相应的措施来降低这些因素对模型性能的影响,例如通过数据增强、半监督学习或迁移学习等方法来提高模型的泛化能力。

跨语言和文化的问题也是情感分析模型必须面对的另一个重要挑战。不同语言和文化背景下的情感表达方式可能存在显著差异。因此,构建一个能够适用于多种语言和文化的情感分析模型是一项极具挑战性的任务。例如,在一些文化中,间接表达可能比直接表达更为常见,而在其他文化中,情感表达可能更加直截了当。为了应对这些差异,情感分析模型需要具备处理多语言文本的能力,并能够理解不同文化背景下的情感表达特征,从而提高其跨文化适用性。

因此,系统功能语言学在理解和建模情感表达方面具有得天独厚的优势。在情感分析建模过程中,不仅要关注文本中的词汇、语法和篇章结构等语言元素,还需注重这些元素如何在特定的社交和文化环境中被使用和理解,以期更准确地揭示情感表达的内涵和细微差别。新构建的更为精细和准确的情感分析模型,不仅要能够识别文本中的显性情感词汇和表达,还要能通过深入分析语言的系统性特征,如语气、情态和主位结构等,来捕捉文本中隐性的情感信息。此外,系统功能语言学还能够帮助我们理解不同文化背景下情感表达的差异,从而提高情感分析模型的跨文化适用性。通过这种多层次、多路径的综合分析方法,我们可以建立起更为鲁棒的情感分析模型,从而更好地服务于实际应用中的各种复杂情境和需求。

第5章 研究设计

系统功能语言学在自然语言处理领域的情感分析研究中,扮演着至关重要的角色。系统功能语言学的理论框架提供了对语言功能和结构的深刻理解,这对于准确捕捉和分析文本中的情感表达具有重要意义。为了深入探索这一领域的复杂性和多样性,本章设定了明确的研究范围、目标和假设,以期能够更全面、更细致地理解并建模情感表达。

5.1 设计思路

在设计情感分析模型是,我们主要聚焦系统功能语言学中关于语义情感的多个关键方面。同时,还要参酌作为自然语言处理的一个重要分支情感分析方法,力图对文本的情感倾向性进行细致的分类,既包括正面、负面以及中性情感的识别,也包括对隐式情感的识别。通过前两章的理论铺垫,按照既定的思路,来深入剖析文本中的情感要素,去理解它们是如何通过语言的选择和组合来表达的,以及如何在不同的语境中实现其交际目的。因此,我们还将关注如何通过语言的选择来表达不同的功能,如信息交换、建立社会关系和表达个人情感等。这些功能不仅是语言交际的基础,也是情感分析的重要组成部分。

鉴于语言的使用受到文化和社会背景的深刻影响,本章中情感分析的研究范围还涵盖了语言在不同文化和社会背景下的使用情况,以及这些背景如何影响语言的意义和情感的表达。通过对比分析不同文化和社会背景下的语言数据,我们可以更深入地理解情感表达的多样性和复杂性,为建模情感表达提供更丰富的素材和依据。

在设定研究目标时,力求实现以下几个方面的突破:首先,我们期待构建一个新的、更为精确和全面的情感分析模型。这个模型应该能够准确地识别文本中的情感倾向性,并能够对不同功能的语言表达进行细致的分析。其次,我们期望能够揭示语言选择和功能在情感表达中的作用机制。通过深入研究语言元素如何与情感表达相互关联,我们可以更好地理解情感表达的本质和规律。另外,通过对比研究不同文化和社会背景下的情感表达,为跨文化情感分析提供有益的启示和借鉴。

如前所述,语言的选择和功能在情感表达中起着决定性的作用。不同的语言选择和功能会导致不同的情感表达效果,因此,在情感分析中应该充分考虑这些因素。我们假设文化和社会背景对情感表达具有显著影响。不同文化和社会背景下的语言使用习惯、价值观念等都会对情感表达产生影响,因此,在建模情感表达时需要充分考虑这些因素的影响。通过综合运用既有理论和方法,我们可以构建出更为精确和全面的情感分析模型,提高现有情感分析的准确性和可靠性。

为了验证这些假设并实现研究目标,我们将采用多种研究方法和技术手段。我们将收集大量真实的文本数据,包括社交媒体帖子、新闻报道、产品评论等,以确保研究的可靠性和实用性,结合自动标注工具(如 Doccano),辅以手动标注,制作用于进一步训练的数据集。我们将运用系统功能语言学的理论框架和分析工具(如 Snow 自然语言处理),对文本数据进行深入的分析和解读,提取出其中的情感元素和功能特征。同时,我们还将利用机器学习和自然语言处理等先进技术,引入大语言模型和 Github 上已有的半结构的数据集,构建情感分析模型,并对模型进行训练和测试,以验证其性能和效果。

按照前一章的构想,通过深入研究和探索,期待更好地理解情感表达的本质和规律,为自然语言处理领域的发展做出积极的贡献。与现有的研究方法不同的是,在情感分析中,我们特别关注语境和篇章结构的分析。语境在情感表达中扮演着至关重要的角色,它可以影响甚至决定一个词语或句子的情感色彩。例如,同样的词语在不同的语境下可能表达完全不同的情感。系统语言学虽然强调了语境的重要性,而在语境建模,尤其是对于社会文化语境的建模,还存在一定的空白。这就需要我们探索一系列工具和方法来分析语境对情感表达的影响。要在设计时将这些因素充分考虑进去,深入研究语境在情感分析中的作用,以提高分析的准确性。

与现有的建立在词和句子级别上的分析方法不同,篇章结构也是情感分析不可忽视的一部分。一个完整的篇章往往包含多个段落和句子,这些段落和句子之间的关系和组合方式对于理解整个篇章的情感倾向具有重要意义。以往的句子层面的分析也对小句之间的语义依存关系进行了充分的探索和应用。在这一点上,Han 自然语言处理提供了用于细粒度描写和标注的工具。同时,需要对于篇章结构有着深入的研究,包括主位结构、信息结构和衔接手段等,探索从分析和描述篇章结构对情感表达的影响入手全面地理解和呈现语篇的情感内涵。

情感表达具有主观性和多样性,不同的人可能对于同一事件或同一文本有着不同的情感反应。因此,在研究中我们需要充分考虑到这一点,采用多种方法和手段来确保研究的客观性和准确性。我们将通过对比分析不同人的情感反应,探索情感表达的普遍规律和个体差异,为情感分析的应用提供更加全面和深入的依据。

综上所述,在设计一个更为全面和与合理的方法时,本书力图让研究范围涵盖自然语言中语义情感要素的所有关键方面,包括情感倾向性的分类、语言选择和功能在情感表达中的作用、文化和社会背景对情感表达的影响等。我们通过综合运用系统功能语言学的理论和方法以及先进的技术手段,深入研究这些方面的问题,并期望能够为情感分析领域的发展做出积极的贡献。同时,我们也将保持开放和严谨的态度,不断探索新的研究方向和方法,以适应情感分析领域日新月异的发展变化。在具体实施研究时,采用定性和定量相结合的研究方法。定性研究将帮助我们深入理解语言选择、功能和文化背景在情感表达中的作用机制,通过深入剖析具体文本案例,揭示情感表达的内在逻辑和规律。定量研究则将通过大规模语料库的统计分析,验证我们的假设,并评估情感分析模型的性能。这种综合的研究方法将有助于我们更全面、更准确地把握情感分析的复杂性和多样性。

同时,我们还将关注情感分析技术的实际应用场景。情感分析在社交媒体监测、产品评论分析、消费者行为研究等领域具有广泛的应用价值。通过与相关领域的合作,将研究成果转化为实际应用,为社会和经济发展提供有力支持。

在研究过程中,提前对可能遇见的挑战和困难进行预判和对策设计。首先,情感表达的主观性和多样性给研究带来了很大的不确定性。不同的人对于同一事件或同一文本可能有着不同的情感反应,这使得情感分析模型的构建和评估变得复杂而困难。为了应对这一挑战,我们将注重收集多样化的数据,并采用先进的机器学习算法来处理和分析这些数据。其次,语言和文化背景的多样性也是研究中的一大难题。不同文化和语言背景下的情感表达方式可能存在很大差异,这使得情感分析模型在不同文化和语言环境下的适用性成了一个重要问题。为了解决这个问题,我们将注重跨文化和跨语言的研究,通过对比分析不同文化和语言背景下的数据,提高情感分析模型的通用性和准确性。最后,我们还将关注情感分析领域的未来发展趋势。随着人工智能和大数据技术的不断进步,情感分析将面临更多的机遇和挑战。我们将密切关注新技术和新方法的发展动态,及时将最新的研究成果和技术应用于情感分析中,以推动该领域的不断发展和创新。

这样,通过综合运用系统功能语言学的理论和方法以及先进的技术手段,有望构建出更为精确和全面的情感分析模型,为解决实际问题和推动社会经济发展提供有力支持。

5.2 研究假设

在系统功能语言学的框架下,我们需要针对情感分析这一研究领域重申一系列核心假设。这些假设不仅基于基本语言理论,也结合了情感分析的实际需求,旨在深入探索语言与情感之间的复杂关系。新的情感分析模型也正是在这个基础上显示出某种不同的导向。

假设一:语言是一个多功能的系统

语言不仅仅是表达思想和传递信息的工具,它还具有多种社会和文化功能。在情感分析中,我们特别关注语言如何作为情感的载体,通过特定的语言结构来实现情感的表达和交流。因此,我们假设情感是语言功能的一个重要组成部分,而情感分析的核心任务之一就是揭示这种功能是如何通过语言结构来实现的。

假设二:语言的使用都是选择性的

在特定的语境中,人们会从众多可能的语言选项中做出选择,以实现特定的交流目的。这种选择性不仅体现在词汇和语法的选择上,也体现在语言的整体结构和风格上。在情感分析中,我们假设人们在表达情感时也会进行有意识或无意识的语言选择。这些选择可能受到个人情感状态、社会文化背景、交际目的等多种因素的影响。因此,通过分析这些语言选择,我们可以更深入地理解情感表达的内在机制和规律。

假设三:语言的结构和使用受到社会文化的深刻影响

语言不仅仅是个人行为的产物,它也是社会和文化环境的反映。在情感分析中,我们特别关注社会文化因素对情感表达的影响。不同的文化和社会背景可能导致人们对情感的理解和表达方式存在差异。因此,我们假设在情感分析中必须充分考虑到这些外部因素,以确保分析的准确性和全面性。

基于以上理念,我们进一步提出以下具体的研究假设:

(1)语言结构与情感表达之间存在密切关系。

特定的语言结构,如词汇选择、语法结构、篇章组织等,能够直接或间接地反映说话者的情感状态。例如,某些词语或短语可能具有特定的情感色彩,而某些语法结构或篇章组织方式可能有助于表达特定的情感氛围。因此,通过分析这些语言结构,我们可以有效地识别和理解文本中的情感表达。

(2)语言选择受到个人情感状态的影响。

说话者在表达情感时会根据自己的情感状态进行语言选择。例如,当说话者感到高兴时,他们可能更倾向于使用积极、正面的词汇和语气;而当他们感到沮丧时,则可能使用更加消极、负面的表达方式。因此,通过分析说话者的语言选择,我们可以推断出他们的情感状态,进而更深入地理解他们的情感表达。

(3)社会文化因素对情感表达具有显著影响。

不同的文化和社会背景会导致人们对情感的理解和表达方式存在差异。这种差异可能体现在词汇选择、表达方式、交际风格等多个方面。因此,在进行情感分析时,我们必须充分考虑到这些外部因素,以确保分析的准确性和有效性。同时,通过对比不同文化和社会背景下的情感表达方式,我们可以更全面地了解情感表达的多样性和复杂性。

(4)情感分析模型应综合考虑语言结构、语言选择和社会文化因素。

基于以上假设,我们认为构建一个有效的情感分析模型需要综合考虑语言结构、语言选择和社会文化因素等多个方面。这样的模型不仅能够准确地识别文本中的情感表达,还能够揭示情感表达的内在机制和规律,为实际应用提供有力的支持。

以上假设基于系统功能语言学的基本理论,并结合了情感分析的实际需求。通过深入探索语言与情感之间的复杂关系,我们期望能够为情感分析领域的发展做出积极的贡献。在未来的研究中,我们将进一步验证和完善这些假设,为构建更加精确和全面的情感分析模型提供有力的理论支持。同时,我们也将关注情感分析领域的最新动态和发展趋势,不断推动该领域的创新和发展。

5.3 研究方法和步骤

在系统功能语言学的框架下,情感分析不仅在自然语言处理领域中扮演着至关重要的角色,还提供了一整套系统化的研究方法和步骤。这些方法和步骤不仅为情感分析的深入理解奠定了理论基础,而且有助于提升情感分析的准确性和广泛应用。这些步骤涵盖了从文本数据的收集和预处理到情感倾向的识别与分类,以及结果的评估与优化,为情感分析模型的构建和应用提供了详尽的指导。

在现代社会,情感分析已成为自然语言处理领域的重要研究方向之一,特别是在互联网和社交媒体的迅猛发展背景下,文本成为人们表达情感和观点的主要载体。因此,情感分析不仅涉及对文本中情感倾向（如积极、消极或中性）的识别，还包括对情感表达强度和方式的理解以及对情感背后动机的分析。通过这些分析，我们可以在舆情监测、产品评论分析、消费者行为研究等领域获得重要的洞察力，这些领域中对情感分析的需求日益增加，显示了情感分析的广泛应用价值。

情感分析模型的构建过程通常包括几个关键步骤。首先是文本收集与预处理阶段，这一阶段的目的是获取大量的文本数据，并对其进行初步的处理。这些数据源可能包括社交媒体帖子、新闻报道和产品评论等。预处理的步骤包括去除文本中的噪声、进行分词和词性标注等，这些步骤旨在为后续的文本分析奠定基础。有效的预处理不仅有助于提高数据的质量，还能确保分析结果的准确性。

语言结构与功能分析是关键的一步。在这一阶段，我们需要识别和描写文本中的语言结构和功能，分析词汇选择、语法结构和句子类型等方面。例如，通过研究特定词语或短语如何传达情感，我们可以揭示语言结构与情感表达之间的关系。此外，对不同语法结构对情感表达的影响进行分析，也有助于理解语言如何通过特定结构来实现情感传递。这一阶段的分析可以帮助我们深入理解情感表达的具体实现方式及其机制。

在情感分析中，语言选择和社会文化因素的考量同样不可忽视。说话者在不同的社会文化背景下做出的语言选择可能会影响情感表达的方式。例如，不同文化背景下可能存在不同的情感表达习惯，这些习惯会影响语言的使用方式。在这一阶段，我们通过对比分析不同文化和社会背景下的情感表达，揭示这些差异，并理解其背后的原因。这有助于确保情感分析模型在处理多样化的语言和文化背景时的准确性和全面性。

情感倾向的识别与分类是情感分析中的核心任务之一。在这一阶段，我们利用前期分析得到的语言结构和功能信息，结合构建的情感词典和机器学习算法，将文本分类为积极、消极或中性等情感倾向类别。此外，我们还可以进一步分析情感表达的强度和方式，例如强烈积极、轻微消极等。这一过程不仅有助于提高情感分类的准确性，还能深入理解文本中情感的表现形式。

最后，结果的评估与优化是确保情感分析模型有效性和可靠性的关键步骤。我们通过将情感分析结果与人工标注的数据进行对比，计算准确率、召回率等指标来评估模型的性能。根据评估结果，我们可以对分析方法和模型参数进行调整，以提升情感分析的准确性和可靠性。有效的评估和优化不仅可以提高模型的实际应用效果，还能推动情感分析方法和技术的不断进步。

系统功能语言学为情感分析提供了一套系统化的理论框架和方法步骤，具有显著的优势。它不仅强调了语言结构与功能的关系，使我们能够从微观层面分析情感表达的具体实现方式，还关注了语言选择和社会文化因素，揭示了不同文化背景下情感表达的差异性和多样性。尽管在应用过程中存在主观性和模糊性带来的挑战，以及对计算资源和算法性能的高要求，但系统功能语言学路径的应用前景依然广阔。通过不断优化模型和方法，我们可以在舆情监测、产品评论分析、消费者行为研究等领域提供更准确、更有价值的情感信息和洞察力，同时推动情感分析领域的创新和发展。

5.4 对传统方法的扬弃

在对情感分析进行系统功能语言学和评价理论的重新审视时,我们不应全盘否定以往的方法,而应在其基础上进行扬弃。尽管基于情感词典和基于机器学习的情感分析方法在过去的研究中扮演了重要角色,并在实际应用中显示出了其有效性,但它们在处理隐性情感和复杂情境时存在一定的局限。因此,对这些传统方法的回顾、评价和修正是十分必要的。

基于情感词典的方法在情感分析中曾广泛应用,其利用预先构建的情感词典来识别文本中的情感词汇,进而判断整体文本的情感倾向。情感词典的核心作用在于提供一个结构化的情感词汇库,该库包含了大量带有情感倾向的词语及其对应的情感得分。这种方法由于其直观性和易操作性,在短文本和显性情感分析中表现出色。情感词典的构建通常依赖人工标注或机器学习算法,其目标是确保词汇情感倾向的准确性。一个高质量的情感词典需要具备全面性、准确性和灵活性,即覆盖各种情感词汇、确保情感倾向标注的准确性,并能够根据不同领域和语境进行调整和扩展。基于情感词典的方法的主要流程包括文本预处理、情感词抽取、情感得分计算和情感分类。尽管这种方法在特定情境下表现出良好的效果,但其局限性也显而易见。情感词典的质量和覆盖面直接影响分析结果的准确性,词典的静态性和词汇的局限性使得在处理复杂语境和隐性情感时,情感词典的方法可能无法准确捕捉其真实情感倾向。此外,随着语言的演变,情感词典需要不断更新和维护,以适应新的情感表达方式和词汇,这也增加了情感分析的不确定性。

为克服基于情感词典方法的局限性,可以采取一系列修正措施。首先,情感词典的动态更新与扩展是提高其准确性和全面性的重要步骤。通过引入新的情感词汇和更新现有词汇的情感倾向性标注,可以提升情感词典的质量。这一过程可以结合机器学习算法和人工标注的方式进行。其次,考虑上下文信息,如词语之间的关联和句子结构等,可以提高情感分析的准确性。利用句法分析、语义角色标注等技术,有助于捕捉文本中的复杂情感关系。第三,多源情感信息的融合,如结合情感词典、社交媒体数据、用户反馈等,可以提升情感分析的可靠性。最后,跨领域情感分析的研究,通过引入领域知识和构建领域特定的情感词典,能够满足不同领域的情感分析需求。

同时,机器学习特别是深度学习技术的引入,为情感分析带来了显著的进步。传统的情感分析方法依赖人工制定的规则和模板,处理复杂情感和语境时显得力不从心。相比之下,机器学习方法特别是深度学习,通过自动学习数据的内在规律和特征,能够更准确地识别文本中的情感倾向。深度学习模型如卷积神经网络(CNN)和循环神经网络(RNN)具备强大的特征提取和表示学习能力。CNN 通过卷积层捕捉文本的局部特征,并通过池化层进行特征降维和提取,能够学习到文本中更加深层次的情感特征。RNN 则擅长处理序列数据中的时序依赖关系,通过引入长短时记忆网络(LSTM)或门控循环单元(GRU)等变种结构,能够更好地处理长序列文本,提高情感分析的准确性。注意力机制模拟人类视觉注意力的特点,可以帮助模型自动关注文本中对情感表达起关键作用的词语或短语,从而进一步提升情感分析的性能。

基于机器学习的情感分析流程通常包括数据准备、特征提取、模型选择、模型训练和模型评估等步骤。数据准备阶段需要收集并处理大量的文本数据，包括情感标注的数据集。数据集的质量和数量对模型的性能具有重要影响，因此需要进行适当的预处理操作，如分词、去除停用词、文本清洗等。特征提取阶段将原始文本数据转化为机器学习模型可以处理的数值特征。深度学习模型能够自动学习文本的内在特征表示，通过多层神经网络的逐层抽象，提取出更加深层次的情感特征。模型选择方面，卷积神经网络（CNN）和循环神经网络（RNN）等深度学习模型因其强大的特征提取和表示学习能力而备受青睐。模型训练通过优化算法调整模型参数，使得模型能够在训练数据上取得最佳性能。模型评估则通过准确率、召回率、F1 值等指标对模型进行性能评估。

尽管深度学习技术在情感分析中展现了强大的性能，但仍存在一些挑战。数据集的构建需要科学系统地预处理，才能为深度学习提供好的素材。数据增强技术、模型融合以及超参数调优等方法可以进一步提高情感分析模型的性能。数据增强技术如同义词替换、随机插入、随机删除等，可以扩充训练数据集，提升数据标注的系统性和科学性。模型融合方法如投票法、平均法和堆叠法可以充分利用各模型的优点，提高整体性能。超参数调优方法如网格搜索、随机搜索和贝叶斯优化等，可以进一步提高模型的性能。模型的可解释性也是一个亟待解决的问题，深度学习模型复杂的结构和参数使得其决策过程难以理解。如何提高模型的可解释性，确保其在实际应用中的有效性，是未来研究的重点。同时，数据质量和数量的限制也是一个挑战，如何有效利用未标注或标注不准确的数据，提高模型的泛化能力和鲁棒性，也是未来研究中需要解决的问题之一。

5.5 分析流程

在情感分析的实践中，系统功能语言学和评价理论为分析语言的情感资源提供了深入的视角。情感分析的核心任务包括情感分类、情感检索和情感抽取，其中情感分类旨在将文本划分为不同的情感类别，如积极、消极或中性。情感检索则致力于从大量文本中提取与特定情感相关的信息，从而帮助用户快速定位所需内容。情感抽取则专注于从文本中识别并提取出表达情感的片段，以更深入地理解文本的情感内涵。这些任务的实现需要经过数据收集、数据预处理、特征提取、模型选择、模型训练、结果评估和优化等多个步骤，这些步骤在实际应用中相互关联，必须综合考虑，以确保情感分析的准确性和有效性。

选择合适的深度学习模型是情感分析中的关键步骤。传统的机器学习模型如朴素贝叶斯、支持向量机等，在处理复杂文本数据时可能表现不佳，虽然它们具有计算速度快和易于实现的优点。深度学习模型如卷积神经网络（CNN）、循环神经网络（RNN）等，则具有自动学习文本内在规律和特征的能力，能够进行强大的表示学习，因此在情感分析任务中常常表现出显著的效果。选择模型时需要考虑数据的规模、特征的复杂性以及任务的具体需求。对于大规模数据集和复杂的情感分析任务，深度学习模型通常具有更大的优势。同时，还需要考虑模型的计算资源和时间成本，以确保模型在实际应用中的高效运行。

模型训练是情感分析过程中至关重要的环节。在训练过程中，需要使用标注好的情感数据集来训练模型,并通过优化算法调整模型参数,以使模型在训练数据上达到最佳性能。为提高模型性能,可以采取多种优化策略,如尝试不同的模型结构、参数设置和学习率调整等,以找到最佳的模型配置。此外,通过数据增强技术可以生成新的训练样本来扩充数据集,从而提高模型的泛化能力。模型融合方法也是提高整体性能的有效策略,它通过集成多个模型的预测结果来提升模型的表现。

模型训练完成后,必须对模型的结果进行深入分析和评估。常用的评估指标包括准确率、召回率和 F1 值,这些指标有助于全面了解模型的性能表现。混淆矩阵和 ROC 曲线等工具可以用来对模型的结果进行可视化展示,从而更直观地了解模型的优缺点。除了整体性能评估,还需对模型在不同情感类别上的表现进行详细分析,以识别模型在某些情感类别上的优势和劣势,从而进行有针对性的优化和改进。

情感检索和情感抽取是情感分析实践中的关键任务。情感检索的目标是从大量文本中查找与特定情感相关的信息,这对于用户快速定位所需内容至关重要。为了实现情感检索,可以将情感分析模型与搜索引擎结合,通过对搜索结果进行情感分析来提供更加精准和有用的信息。情感抽取则涉及从文本中识别并提取出表达情感的片段,这有助于深入理解文本的情感内涵。情感抽取可以采用基于规则的方法或基于深度学习的方法,通过识别文本中的情感词语、短语或句子,提取出表达情感的片段。

在进行情感分析时,结合系统功能语言学理论可以提供更深入的理解。该理论关注语言的多重功能,包括概念功能、人际功能和语篇功能。概念功能关注语言如何反映和描述现实世界,通过分析文本中的概念意义,我们可以理解文本描述的事物和事件,并推断出作者的情感倾向。人际功能则关注语言在交际中的作用,通过分析文本中的人际意义,我们可以了解作者与读者之间的情感交流和互动。语篇功能关注语言在构建连贯、完整篇章中的作用,通过分析文本的结构和组织,我们可以更好地理解情感表达的方式和整体情感倾向。

语境分析在情感分析中也发挥着重要作用。文本的文化语境、情景语境和上下文语境对于理解情感表达具有重要意义。文化语境涉及文本所在的文化背景和社会环境,这些因素会影响情感的表达方式。情景语境包括文本产生的具体时间、地点和参与者等因素,这些也会影响情感表达的方式。上下文语境则关注文本内部的逻辑关系和前后文联系,这有助于全面理解情感表达。

评价性语言的识别是情感分析中的一个核心步骤。评价性语言包括情感词语、短语和句子,这些元素直接反映了作者的情感态度和观点。通过识别和分析这些评价性语言,可以揭示文本中的情感倾向和强度。评价性语言可能通过修辞手法如隐喻和拟人等表达复杂的情感,这些手法能够增强情感表达的深度和细腻度。因此,在分析评价性语言时,需关注这些修辞手法的使用,并理解它们对情感表达的影响。

结合系统功能语言学理论进行情感分析的实战应用可以通过案例进行展示。例如,在分析某电商平台上的产品评论数据时,首先对评论数据进行预处理,如去除无关信息、分词和词性标注等步骤。然后利用文本分析工具进行功能分析、语境分析和评价性语言的识别。在功能分析方面,关注评论中描述产品特点、使用体验等方面的概念功能,并分析消费者对产品的态度、人际功能等。在语境分析方面,考虑评论的文化背景和电商平台特点。最后,通过识别情感词汇,结合系统功能语言学理论对分析结果进行解释,从而全面理解消费者对产品的情感态度和强度。

结合系统功能语言学的情感分析方法提供了一个全面的分析框架。通过对文本功能的分析、语境的理解、评价性语言的识别和解释,可以更准确地把握文本中的情感表达。这种分析方法不仅适用于文本数据,还可以扩展到音频、视频等其他数据形式,为情感分析提供更广阔的应用空间。然而,这种方法仍面临一些挑战,如理论的复杂性、跨学科的知识需求以及数据质量和算法性能等问题。随着人工智能和大数据技术的发展,结合语言理论进行情感分析的研究将具有更广阔的前景和应用价值。

5.6　语料及数据集

如前所述,深度学习的算法和算力不断提高的情形下,传统的情感分析效果不尽如人意。其主要症结在于语料和由语料标注和预处理而来的数据集质量上。在语料收集和数据集构建这一至关重要的阶段,文本类型的选择对于情感分析的效果具有决定性的影响。因为不同的文本类型可能蕴含不同的情感倾向和表达方式,所以选择何种类型的文本作为语料,必须紧密结合情感分析的具体目标和需求进行。

首先需要明确情感分析的目标是什么。是为了了解某个产品的用户反馈?还是为了探究某个社会现象引发的公众情绪?或者是为了分析某个政治事件的舆论走向?不同的目标,自然需要不同的文本类型作为支撑。例如,对于产品反馈的情感分析,可能需要选择用户评论、产品评价等文本;而对于社会现象或政治事件的分析,则可能需要新闻报道、社交媒体帖子等类型的文本。还需要考虑文本的质量问题。文本的质量直接影响到情感分析的准确性。因此,在选择文本时,需要尽量选取那些表达清晰、情感明确的文本,避免选择那些含糊不清、情感模糊的文本。同时,文本的来源也是一个需要考虑的因素。应该尽量从权威、可信的来源获取文本,以确保语料库的可靠性。此外,还需要考虑文本的数量问题。虽然高质量的文本对于情感分析至关重要,但足够的数量同样不可忽视。因为只有在大量的文本中,才能更准确地捕捉到情感的细微差别和变化趋势。因此,在构建语料库时,需要在保证文本质量的前提下,尽可能地扩大文本的数量。

总之,在语料收集和数据集构建阶段,选择何种类型的文本作为语料是一个需要综合考虑多个因素的问题。需要根据情感分析的具体目标和需求,结合文本的质量、数量和来源等因素进行权衡和选择,以构建出高质量、高效率的语料,为情感分析提供坚实的基础。以下是一些具体的考虑因素:

(1)分析粒度。

分析粒度在情感分析中是一个至关重要的因素,它决定了如何处理和分析文本数据。分析粒度可以细分为词语级别、句子级别、段落级别和篇章级别,而每一级别对文本的选择和处理方式都有不同的要求。

词语级别的情感分析粒度关注的是单个词语所携带的情感信息。在这种情况下,选择包含丰富情感词汇的文本是至关重要的。例如,电影评论、产品评价等类型的文本,通常包含大量的情感词语,如"精彩""糟糕""喜欢""讨厌"等,这些词语能够直接反映读者的情感倾向。通过对这些情感词汇的提取和分析,可以得出文本的整体情感倾向。因此,对于词语级别的情感分析,应该选择那些情感表达直接、词汇丰富的文本作为语料库。

句子级别的情感分析关注的是单个句子所表达的情感。与词语级别相比,句子级别的情感分析更加复杂,因为句子中的情感可能受到多种因素的影响,如语气、修辞、上下文等。为了准确捕捉句子中的情感信息,同样需要选择包含丰富情感表达的文本。不过,与词语级别不同的是,句子级别的情感分析更加注重文本的整体结构和语境。因此,除了电影评论、产品评价等类型的文本外,还可以考虑选择一些包含完整故事情节或事件描述的文本,如短篇小说、新闻报道等。这些文本能够提供更丰富的上下文信息,有助于更准确地判断句子的情感倾向。

当涉及段落或篇章级别的情感分析时,情况又有所不同。在这一粒度下,关注的是整个段落或篇章所表达的情感倾向。这需要对文本进行更加深入和全面的分析,以捕捉文本中可能存在的复杂情感变化。对于段落或篇章级别的情感分析,选择针对特定主题或事件的文本是比较合适的。例如,新闻报道、论坛讨论等类型的文本,通常围绕某个特定主题或事件展开,能够为提供全面而深入的视角。通过对这些文本的分析,可以了解公众对于某个事件或主题的整体情感倾向,以及情感随时间或情境的变化趋势。

在选择文本时,还需要考虑文本的质量和可靠性。对于情感分析而言,文本的质量直接关系到分析结果的准确性。因此,应该尽量选择那些来源可靠、内容真实、情感表达清晰的文本作为语料库。此外,文本的多样性也是一个需要考虑的因素。通过选择不同来源、不同风格的文本,可以丰富语料库的多样性,提高情感分析的泛化能力。

除了考虑文本的类型和质量外,还需要根据情感分析的具体目标和需求进行文本选择。例如,如果的目标是分析某个产品的用户反馈,那么需要选择包含用户评价、评论等类型的文本;如果的目标是了解某个社会现象的公众情感倾向,那么需要选择新闻报道、社交媒体帖子等类型的文本。通过结合具体目标和需求进行文本选择,可以确保语料库的针对性和有效性。

在构建数据集的过程中,还需要注意平衡不同情感倾向的文本数量。如果语料库中某一情感倾向的文本过多或过少,都可能导致情感分析结果的偏差。因此,应该尽量确保语料库中不同情感倾向的文本数量相对均衡,以提高情感分析的准确性和可靠性。也就是说,分析粒度在情感分析中起着至关重要的作用。不同粒度的情感分析对文本选择和处理方式有着不同的要求。通过结合具体目标和需求进行文本选择和处理,可以构建出高质量、高效率的语料库,为情感分析提供坚实的基础。在实际应用中,还需要根据具体情况灵活调整分析粒度和文本选择策略,以取得更好的分析结果。

(2)文本类型。

文本类型在情感分析任务中扮演着至关重要的角色。不同类型的文本蕴含着不同的情感色彩和表达方式,因此选择合适的文本类型对于情感分析的效果具有决定性的影响。在情感分析的不同任务中,如主客观判别和情感极性分类,需要有针对性地选择文本类型,以更好地实现分析目标。

主客观判别任务的目标是判断文本是否包含个人观点和感受,以及这些观点和感受是否带有情感色彩。为了完成这一任务,应该选择那些包含丰富个人观点和感受的文本作为语料库。这类文本通常能够直接反映作者的情感态度和主观判断,有助于训练出有效的主客观判别模型。具体来说,用户评论和博客文章是两种非常适合主客观判别任务的文本类型。用户评论通常是对某个产品或服务的个人评价和看法,其中包含了大量的主观表达和情感色彩。通过对这些评论的分析,可以提取出用户的观点和感受,并判断其是否带有情感倾向。博客文章则往往是作者的个人观点和情感抒发,其语言表达相对自由、灵活,更能够体现出作者的主观性和情感性。这些特点使得博客文章成为主客观判别任务的重要数据来源。在选择这些文本时,还需要注意文本的质量和可靠性。应该选择那些真实、可信、有代表性的文本作为语料库,以确保分析结果的准确性和可靠性。同时,还需要对文本进行预处理和清洗,去除其中的噪声和无关信息,以提高分析的效率和准确性。

对于情感极性分类任务,的目标是判断文本所表达的情感是正面、负面还是中性。为了完成这一任务,需要选择情感极性明显的文本作为语料库。这类文本通常能够清晰地表达出作者的情感态度和情感倾向,有助于训练出有效的情感极性分类器。在选择情感极性明显的文本时,可以考虑一些特定的文本类型。例如,产品评价、电影评论和新闻评论等类型的文本往往包含了大量的情感表达,其情感极性相对明显。通过对这些文本的分析,可以提取出其中的情感特征和情感倾向,并训练出能够准确判断情感极性的分类器。

除了这些常见的文本类型外,还可以考虑一些特定领域的文本数据。例如,在电商领域,用户对于商品的评价和反馈往往包含了丰富的情感信息;在社交媒体领域,用户发布的帖子和状态更新也能够反映出他们的情感状态和情感变化。这些特定领域的文本数据不仅能够为提供丰富的情感信息,还能够帮助更好地理解特定领域的情感表达方式和特点。

在选择情感极性明显的文本时,还需要注意平衡不同情感极性的文本数量。如果语料库中某一情感极性的文本过多或过少,都可能导致情感极性分类器的偏差。因此,应该尽量确保语料库中不同情感极性的文本数量相对均衡,以提高分类器的准确性和泛化能力。此外,还需要考虑文本的语言特点和表达方式。不同语言和文化背景下的文本可能具有不同的情感表达方式和特点。因此,在选择文本类型时,需要根据具体情况选择适合的文本,并对其进行相应的预处理和特征提取工作,以确保情感分析的准确性和有效性。

文本类型在情感分析任务中具有重要的影响。对于主客观判别任务,应该选择包含个人观点和感受的文本;对于情感极性分类任务,应该选择情感极性明显的文本。同时,还需要注意文本的质量和可靠性、平衡不同情感极性的文本数量以及考虑文本的语言特点和表达方式等因素。通过合理选择文本类型并进行相应的预处理和分析工作,可以更好地实现情感分析的目标并提高分析结果的准确性和可靠性。

(3)领域相关性。

文本类型在情感分析任务中占据着举足轻重的地位。不同类型的文本,因其内容、语言风格、表达方式等方面的差异,往往蕴含着不同的情感色彩和信息。因此,在构建情感分析语料库时,需要根据分析目标选择合适的文本类型,以确保分析结果的准确性和有效性。

当情感分析的目标是为特定领域服务时,选择与该领域相关的文本构建语料库显得尤为重要。这是因为特定领域的文本通常具有独特的语言特点和情感表达方式,这些特点往往能够更准确地反映该领域的特定情感。

以电影行业和商品评价为例,可以深入探讨如何选择合适的文本类型。在电影行业中,情感分析的目标可能是了解观众对于某部电影的喜好程度、评价情感等。为此,应该选择与该电影相关的文本作为语料库,如电影评论、影评文章、社交媒体上的电影讨论等。这些文本通常包含了观众对于电影剧情、演员表现、导演风格等方面的评价和看法,能够直接反映出观众的情感态度和情感倾向。通过对这些文本的分析,可以了解观众对于电影的总体评价,以及不同观众群体之间的情感差异。在选择电影行业的文本时,还需要注意文本的质量和多样性。质量方面,应该选择那些真实、可信、有代表性的评论和文章,避免选择虚假或误导性的文本。多样性方面,应该尽量涵盖不同类型的文本,如专业影评、普通观众评论、社交媒体上的简短评价等,以获取更全面的情感信息。

在商品评价领域,情感分析的目标可能是了解消费者对于某种商品或服务的满意度、购买意愿等。为此,应该选择与商品评价相关的文本作为语料库,如商品评论、用户评价、在线论坛上的讨论等。这些文本通常包含了消费者对于商品质量、性能、价格等方面的评价和看法,能够直接反映出消费者的情感态度和购买决策。通过对这些文本的分析,可以了解消费者对于商品的总体评价,以及不同消费者群体之间的情感差异和购买意愿。在选择商品评价领域的文本时,同样需要注意文本的质量和多样性。质量方面,应该选择那些真实、可信、有代表性的评价和评论,避免选择虚假或误导性的文本。多样性方面,应该尽量涵盖不同商品类型、不同品牌、不同购买渠道的文本数据,以获取更全面的情感信息和购买决策因素。

除了电影行业和商品评价领域外,情感分析还可以应用于其他众多领域,如新闻、政治、教育等。在这些领域中,同样需要根据领域特点选择合适的文本类型构建语料库。例如,在新闻领域,可以选择新闻报道、新闻评论等文本类型;在政治领域,可以选择政治演讲、政策文件等文本类型;在教育领域,可以选择学生作业、教师评语等文本类型。

在构建特定领域的情感分析语料库时,还需要考虑领域知识的引入。特定领域的文本往往涉及专业术语、行业规范等领域知识,这些知识对于准确理解文本情感和意图至关重要。因此,在选择文本类型的同时,还应该注重领域知识的收集和整理,以便在情感分析过程中更好地利用这些知识。

因此,选择合适的文本类型对于特定领域的情感分析至关重要。应该根据分析目标选择与该领域相关的文本构建语料库,并注意文本的质量和多样性。同时,引入领域知识也是提高情感分析准确性的关键措施之一。通过合理选择文本类型和引入领域知识,可以更好地实现特定领域的情感分析目标,为相关领域提供有价值的决策支持。

在实际应用中,还需要考虑如何有效地利用这些特定领域的文本数据。首先,需要对文本进行预处理,包括去除无关信息、分词、词性标注等步骤,以便提取出对情感分析有用的特征。其次,可以利用机器学习或深度学习算法构建情感分析模型,通过训练模型使其能够自动识别文本中的情感倾向。最后,可以利用模型对新的文本数据进行情感分析,以获取该领域内的情感动态和变化趋势。此外,随着技术的不断发展和数据的不断积累,还可以探索更先进的情感分析方法和技术。例如,可以利用自然语言处理技术对文本进行更深入的分析,提取出更丰富的情感特征;还可以利用情感词典、情感规则等资源来辅助情感分析过程,提高分析的准确性和效率。

总之,特定领域的情感分析需要选择合适的文本类型构建语料库,并引入领域知识以提高分析的准确性。同时,还需要不断探索新的情感分析方法和技术,以适应不同领域的需求和挑战。通过不断努力和创新,可以为特定领域的情感分析提供更加准确、可靠和有价值的结果。

(4)语言风格。

语言风格在情感分析中具有举足轻重的地位。不同的语言风格不仅影响着文本的表达方式,更直接关系到情感的传递和解读。因此,在选择文本进行情感分析时,必须充分考虑文本的语言风格是否与应用场景相符。

正式报道通常追求客观、准确、严谨的表达,语言规范,逻辑清晰。在情感表达上,正式报道往往较为含蓄,不会直接表露强烈的情感色彩。这种语言风格在新闻、政府公文、学术报告等领域中尤为常见。在进行情感分析时,如果选择的是正式报道的文本,那么就需要特别注意其情感表达的隐晦性和间接性,避免误解或遗漏。相比之下,社交媒体上的言论则呈现出截然不同的语言风格。社交媒体言论通常更加自由、随意,情感表达也更加直接、鲜明。人们在社交媒体上往往愿意分享自己的真实感受,无论是喜怒哀乐都会毫不掩饰地表达出来。这种直接性使得社交媒体言论在情感分析中具有很高的价值,但同时也要求对其语言风格有深入的了解和把握。除了正式报道和社交媒体言论之外,还有许多其他类型的语言风格,如幽默诙谐、文艺抒情、口语化等。每种语言风格都有其独特的表达方式和情感色彩,对情感分析的结果产生着不同的影响。因此,在选择文本时,需要根据实际应用的需求和场景来选择合适的语言风格。

那么,如何判断文本的语言风格是否与应用场景相符呢?这需要具备丰富的语言感知能力和经验积累。同时,也可以借助一些工具和方法来辅助判断。例如,可以使用自然语言处理技术对文本进行风格分析,提取出文本的语言特征;还可以参考相关领域或行业的文本规范,了解该领域或行业常用的语言风格和表达方式。在选择文本时,还需要注意避免选择那些语言风格过于极端或特殊的文本。这类文本虽然可能具有独特的情感表达,但由于其语言风格的特殊性,可能导致情感分析结果的偏差或失真。因此,在选择文本时,应该尽量选择那些语言风格适中、具有代表性的文本。

总之,语言风格是影响情感分析的重要因素之一。在选择文本时,需要充分考虑文本的语言风格是否与应用场景相符,以确保情感分析结果的准确性和有效性。同时,也需要不断积累经验和提高语言感知能力,以更好地把握不同语言风格下的情感表达。

(5)时效性和多样性。

时效性和多样性在构建情感分析数据集时,占据着不可或缺的地位。这两大要素不仅关乎语料库的质量,更直接影响到情感分析结果的准确性和有效性。因此,在构建数据集的过程中,必须充分考虑文本的时效性和多样性,以确保语料库能够真实、全面地反映当前的语言使用习惯和情感表达。

首先,时效性在语料库构建中至关重要。语言是不断发展变化的,新的词语、表达方式和情感色彩不断涌现,而旧的词语和表达方式则可能逐渐被淘汰或改变意义。因此,为了确保语料库能够反映当前语言使用习惯,必须选择具有时效性的文本。这些文本应该能够体现当前社会的热点话题、流行趋势和人们的情感状态,以便更准确地捕捉和分析当前的情感表达。在选择具有时效性的文本时,可以关注一些热门的新闻报道、社交媒体上的热门话题、流行文化作品等。这些文本通常能够反映当前社会的热点和人们的情感状态,具有较高的时效性和代表性。同时,还可以利用搜索引擎、社交媒体平台等工具,获取最新的文本数据,以确保语料库的时效性。

然而,仅仅考虑时效性是不够的,还需要关注文本的多样性,以避免偏见和局限性。多样性意味着语料库应该包含不同作者、不同背景、不同观点的文本,以反映不同人群的情感表达和观点态度。这样的语料库才能更全面地揭示情感表达的复杂性和多样性,避免因为单一来源或观点而导致的分析结果偏差。为了实现文本的多样性,可以从多个来源收集文本数据,包括不同领域的新闻报道、不同平台的社交媒体言论、不同作者的博客文章等。这些文本来源的多样性能够确保获取到不同背景、不同观点的文本数据。同时,还可以利用自然语言处理技术对文本进行聚类分析,以发现不同作者、不同背景的文本之间的差异和共性,进一步丰富语料库的多样性。

在构建数据集时,还需要注意平衡时效性和多样性之间的关系。一方面,不能为了追求时效性而忽视文本的多样性,否则可能导致数据集过于单一、缺乏代表性;另一方面,也不能为了追求多样性而牺牲时效性,否则数据集可能无法反映当前的语言使用习惯和情感表达。因此,需要根据实际需求和应用场景来权衡这两个要素,找到最合适的平衡点。此外,为了保持数据集的时效性和多样性,还需要定期对数据集进行更新和维护。这包括添加新的文本数据、删除过时或重复的文本、对数据集进行重新标注和整理等。通过不断更新和维护,可以确保数据集始终能够反映当前的语言使用习惯和情感表达,为情感分析提供准确、可靠的数据支持。

因此,时效性和多样性在构建情感分析数据集中具有举足轻重的地位。需要选择具有时效性的文本,同时确保文本的多样性,以构建出真实、全面反映当前语言使用习惯和情感表达的数据集。通过不断更新和维护数据集,可以为情感分析提供准确、可靠的数据支持,为相关领域的研究和应用提供有力支撑。在未来的研究中,还需要进一步探索如何更有效地利用时效性和多样性来优化数据集构建和情感分析过程,以推动情感分析技术的发展和应用。

(6)人工标注与自动提取。

人工标注与自动提取在情感分析数据集构建过程中各自扮演着重要的角色。基于机器学习的情感分析方法需要依赖大量经过人工标注的语料作为训练集,以训练出能够准确识别情感倾向的模型。而基于情感词典的方法则可以通过选择已经有一定情感标注的文本,减少构建情感词典的工作负担。下面将详细探讨这两种方法在数据集构建中的应用及其注意事项。

基于机器学习的情感分析方法的核心在于通过训练模型来识别文本中的情感倾向。为了训练出有效的模型,需要一个庞大的、经过人工标注的数据集作为训练集。这个数据集应该包含各种类型、各种情感倾向的文本,以便模型能够学习到足够的特征和信息。

在选择文本类型进行人工标注时,需要考虑几个因素。首先,文本类型应该便于标注者理解和判断情感倾向。例如,电影评论、产品评价等类型的文本通常具有明确的情感表达,标注者可以较容易地判断其情感倾向。相比之下,一些专业领域的文本或者抽象性较强的文本可能更适合用于特定领域的情感分析,但在构建通用情感分析数据集时可能不是最佳选择。其次,需要考虑标注的质量和一致性。人工标注是一个主观性较强的过程,不同的标注者可能对同一文本有不同的情感倾向判断。因此,需要制定明确的标注规范和标准,对标注者进行培训,确保他们能够理解并遵循这些规范。同时,还可以采用多轮标注、交叉验证等方式来提高标注的一致性和准确性。

除了人工标注外,还可以利用自动提取技术来辅助构建数据集。自动提取技术可以从大规模的文本数据中自动识别出与情感相关的词汇或句子,从而减轻人工标注的负担。例如,可以利用情感词典或情感规则来自动提取文本中的情感词汇,或者利用词嵌入、深度学习等技术来自动识别文本中的情感倾向。然而,需要注意的是,自动提取技术虽然可以提高数据集构建的效率,但其准确性往往受到多种因素的影响。例如,情感词典的完备性和准确性直接影响到自动提取的效果;深度学习模型的性能也取决于训练数据的质量和数量。因此,在使用自动提取技术时,需要谨慎评估其效果,并结合人工标注进行验证和调整。

对于基于情感词典的情感分析方法来说,选择已经有一定情感标注的文本可以大大减轻构建情感词典的工作负担。例如,电影评论通常包含了丰富的情感词汇和表达方式,且已经有一些现成的情感词典或标注工具可供使用。通过利用这些资源,可以快速地构建出一个适用于电影评论情感分析的数据集。当然,即使选择了已经有一定情感标注的文本,仍然需要进行一些预处理和调整工作。例如,需要对文本进行分词、去除停用词等处理,以便更好地提取情感特征;还需要对情感词典进行更新和扩展,以适应新的词语和表达方式。此外,还需要注意情感词典的适用性和局限性,避免因为词典的不完备或误导而导致分析结果的偏差。

人工标注与自动提取在情感分析数据集构建中各有优劣。基于机器学习的情感分析方法需要依赖大量经过人工标注的语料作为训练集,以确保模型的准确性和泛化能力;而基于情感词典的方法则可以通过选择已经有一定情感标注的文本来减轻工作负担,提高构建效率。在实际应用中,可以根据具体需求和条件选择合适的方法,并结合人工标注和自动提取技术来构建出高质量、高效率的情感分析数据集。

随着自然语言处理技术的不断发展,还可以期待更多新的方法和工具能够应用于情感分析数据集的构建中。例如,利用深度学习技术来自动学习文本中的情感特征表示;利用强化学习技术来优化情感分析模型的参数和策略;利用多模态信息(如文本、图像、音频等)来增强情感分析的效果等。这些新技术的引入将为构建更加丰富、多样和准确的情感分析数据集提供新的可能性。总之,人工标注与自动提取在情感分析数据集构建中扮演着不可或缺的角色。需要根据具体需求和条件选择合适的方法和技术来构建出高质量、高效率的数据集,为情感分析技术的发展和应用提供有力支撑。

(7)资源可用性。

资源可用性在构建情感分析数据集时是一个至关重要的考虑因素。在选择文本类型的过程中,必须充分考虑各种资源的可获取性和使用的便利性,以确保数据集的构建工作能够顺利进行。资源的可用性不仅关系到数据集的规模和质量,还直接影响到情感分析模型的训练效果和实际应用价值。

版权问题是影响资源可用性的一个重要因素。一些受到版权保护的文本资源,如书籍、期刊文章等,往往存在获取难度和使用限制。这些资源通常需要通过购买或申请授权才能获取,而且在使用时也需要遵守相关的版权规定。对于构建大规模数据集而言,获取这些受版权保护的文本资源不仅成本高昂,而且可能面临法律风险。因此,在选择文本类型时,需要优先考虑那些不受版权限制或易于获取的资源,如公开的社交媒体数据、网络新闻等。

数据的开放性和共享性也是影响资源可用性的重要因素。随着大数据时代的到来,越来越多的数据被开放和共享,这为情感分析数据集的构建提供了便利。公开的社交媒体平台、新闻网站等提供了大量的文本数据,这些数据不仅易于获取,而且具有丰富的情感表达。通过利用这些开放的数据资源,可以快速构建出规模庞大、多样性强的数据集,为情感分析模型的训练提供有力的数据支持。

然而,即使选择了开放的数据资源,仍需要注意数据的质量问题。一些社交媒体数据可能存在噪声和干扰信息,如广告、垃圾信息等,这些信息可能对情感分析造成干扰。因此,在获取数据后,需要进行一定的预处理和清洗工作,以提高数据的质量和可靠性。此外,还需要对数据进行标注和整理,以便后续的模型训练和分析工作。

除了考虑资源的获取和使用限制外,还需要关注资源的更新和可持续性。情感分析是一个不断发展的领域,新的文本数据和情感表达方式不断涌现。为了确保数据集的时效性和有效性,需要定期更新和扩充数据集,以反映最新的语言使用习惯和情感表达。因此,在选择文本类型时,需要考虑那些能够持续提供新数据的资源,以确保数据集的长期可用性。

此外,还需要考虑资源的成本问题。虽然一些资源可能易于获取和使用,但其成本可能较高,如需要购买 API 接口或数据服务。在选择文本类型时,需要根据预算和实际需求进行权衡,选择那些既满足分析需求又成本合理的资源。

综上所述,资源可用性在构建情感分析数据集时具有重要意义。需要充分考虑资源的获取、使用限制、开放性、共享性、质量、更新可持续性以及成本等因素,以选择最合适的文本类型构建数据集。通过合理利用各种资源,可以构建出高质量、大规模的情感分析数据集,为情感分析技术的发展和应用提供有力支撑。

随着技术的不断进步和数据的不断积累,更多高质量、多样化的文本资源更加易于获取。深入地挖掘和利用这些资源,能够推动情感分析技术的不断创新和应用。需要持续关注资源可用性的变化和发展趋势,及时调整和优化数据集构建策略,以适应新的需求和挑战。此外,还需要注意资源可用性与隐私保护之间的平衡。在获取和使用文本资源的过程中,需要遵守相关的隐私政策和法律法规,保护用户的隐私权益。对于涉及个人隐私的文本数据,需要进行脱敏处理或寻求用户的明确授权,以确保数据的合法性和合规性。

资源可用性是构建情感分析数据集时不可忽视的一个重要因素。需要综合考虑各种因素,选择最合适的文本类型和资源来构建数据集,以确保数据集的质量、规模和可持续性。同时,还需要关注资源可用性的变化和发展趋势,及时调整和优化策略,以适应新的需求和挑战。

总的来说,在实际构建情感分析数据集时,需要综合考量多种因素,以确保数据集的全面性、准确性以及适用性。这些因素包括资源的可用性、版权问题、数据质量、标注成本以及时效性等。在选择文本类型时,需要仔细权衡这些因素,并探索多种数据来源,以构建一个高质量、多样化的数据集。资源的可用性是构建数据集时的基础考量。需要选择那些易于获取、开放共享且成本合理的文本资源。例如,公开的社交媒体数据、网络新闻和论坛讨论等,这些资源不仅丰富多样,而且能够实时反映大众的情感倾向。同时,也需要关注资源的可持续性,确保数据集能够随着时间的推移不断更新和扩充。版权问题也是不可忽视的因素。在选择文本资源时,需要确保所使用的数据符合版权法规,避免侵犯他人的知识产权。这可能需要与相关机构或个人进行协商,获取合法的使用授权。此外,数据质量和标注成本也是构建数据集时需要考虑的重要因素。需要选择那些质量高、噪声小的文本数据,并进行准确、一致的标注工作。这可能需要投入大量的人力和时间成本,但这也是确保数据集准确性和可靠性的关键步骤。

除此之外,还需要关注文本数据的时效性。情感分析是一个不断发展的领域,新的情感表达方式和词语不断涌现。因此,需要定期更新数据集,以确保其能够反映最新的语言使用习惯和情感倾向。在构建数据集的过程中,可以结合多种方法和技术,以提高数据集的质量和效率。例如,可以利用自然语言处理技术对文本数据进行预处理和特征提取;可以采用机器学习算法对文本进行情感分类和标注;还可以利用众包等方式,邀请用户参与标注工作,以降低标注成本并提高标注质量。还可以考虑利用现有的情感分析数据集作为起点,通过扩展和定制来满足特定需求。这些数据集通常已经经过严格的筛选和标注,具有较高的质量和可靠性。可以根据自己的研究目标和需求,对这些数据集进行进一步的加工和整理,以构建出更加符合需求的数据集。

总之,在实际构建情感分析数据集时,需要综合考虑资源的可用性、版权问题、数据质量、标注成本以及时效性等多种因素。通过结合多种数据来源和方法技术,可以构建出一个高质量、多样化的数据集,为情感分析技术的研究和应用提供有力的支持。

5.7 数据集的构建过程

数据集的构建过程通常包括以下几个步骤:

(1)确定目标和规模。

构建情感分析数据集的首要任务是明确目标和规模,这将为后续的数据收集、处理和分析工作提供明确的指导。在这一阶段,需要深入了解数据集的具体应用场景,确定其目的和功能,并据此规划数据集的规模和覆盖范围。

明确数据集的目的至关重要。数据集的建设通常服务于特定的自然语言处理任务,如情感分析、机器翻译、主题分类等。以情感分析为例,需要构建一个能够反映不同情感倾向的数据集,以便训练出能够准确识别文本情感的模型。因此,在明确目标时,需要充分考虑数据集的具体应用场景和需求,确保数据集能够满足实际应用的要求。

确定数据集的规模也是一项关键任务。规模的大小将直接影响数据集的覆盖范围和使用效果。在确定规模时,需要考虑以下几个因素:一是文本数量,即数据集中包含的文本总数。这取决于想要覆盖的语言现象、主题范围以及可用资源的限制。二是文本长度,即单个文本的平均长度。不同长度的文本可能包含不同数量的信息,因此需要根据实际需求进行选择。三是主题多样性,即数据集覆盖的主题范围。一个多样化的数据集能够更全面地反映语言的实际情况,提高模型的泛化能力。

在明确目标和规模后,需要进一步细化数据集的建设方案。这包括确定数据收集的方法、数据处理的流程以及数据集的存储和管理方式等。例如,可以通过网络爬虫、API 接口等方式从各种来源获取文本数据;然后利用自然语言处理技术对文本进行预处理、分词、去除停用词等操作;最后将处理后的文本按照一定的格式存储在数据集中,并提供方便的查询和使用接口。

此外,还需要注意数据集的质量和可靠性问题。在收集和处理数据时,需要确保数据的准确性和一致性,避免引入噪声和干扰信息。同时,在构建数据集的过程中,还需要关注数据的隐私和安全问题,确保用户信息得到保护,并遵守相关法律法规。

因此,确定目标和规模是构建情感分析数据集的第一步,也是至关重要的一步。通过明确数据集的目的和功能,规划合理的规模和覆盖范围,并细化建设方案,可以为后续的数据收集、处理和分析工作奠定坚实的基础。

(2)收集数据。

收集数据是构建情感分析数据集的核心环节之一,它直接关系到数据集的质量和适用性。为了确保数据的多样性和真实性,避免偏差,需要根据已确定的目标和规模,从多种渠道搜集数据。

网络是一个丰富的数据来源,包含了大量的在线评论、社交媒体帖子、论坛讨论等文本信息。可以利用爬虫技术,根据关键词或特定网站进行定向抓取,以获取与目标相关的文本数据。同时,还需要注意数据的版权问题,确保所收集的数据符合法律法规,避免侵犯他人的权益。

除了网络数据,出版物也是一个重要的数据来源。这包括报纸、杂志、书籍等传统媒体中的文本内容。这些出版物通常具有较高的信息密度和准确性,能够为提供丰富的语料资源。可以通过图书馆、档案馆等机构获取这些出版物,并进行数字化处理,以便后续的分析和使用。

此外,电影剧本也是一个独特的数据来源。电影作为一种视听艺术形式,通过对话和情节展示了丰富的情感表达。通过收集电影剧本,可以获取到大量具有情感色彩的文本数据,为情感分析提供有力的支持。当然,在收集电影剧本时,也需要尊重原作者和版权方的权益,确保合法使用。

在收集数据的过程中,还需要注意数据的多样性。不同的数据来源和文本类型可能具有不同的语言风格和情感表达方式,因此需要尽可能地从多个渠道和类型中收集数据,以确保数据集的全面性和代表性。同时,还需要对数据进行初步筛选和清洗,去除重复、无关或低质量的文本,以提高数据集的质量和可靠性。

最后,真实性是收集数据过程中不可忽视的一个方面。需要确保所收集的数据真实反映了人们的情感表达和观点态度,避免受到主观偏见或误导性信息的影响。为此,可以采用多种验证方法,如人工审核、交叉验证等,以确保数据的真实性和准确性。

收集数据是构建情感分析数据集的关键环节之一。需要根据目标和规模,从多种渠道搜集数据,并注意数据的多样性和真实性。通过科学的方法和严谨的态度进行数据收集和处理,可以为后续的情感分析工作提供高质量、可靠的语料资源。

(3)筛选数据。

在构建情感分析数据集的过程中,筛选数据是一项至关重要的任务。通过对收集到的数据进行筛选,能够排除与研究目的不相关或质量不佳的数据,确保数据集的准确性和有效性。这一过程不仅有助于提升情感分析模型的性能,还能为研究者提供更加精确、有价值的数据资源。

明确筛选标准是实现数据筛选的前提。对于情感分析任务而言,需要选择那些含有丰富情感表达的文本。这意味着需要关注文本中的情感词语、情感极性以及情感强度等因素,同时,还需要考虑文本的长度、语法结构以及语义清晰度等方面,以确保所选数据的质量。

在筛选数据的过程中,可以采用多种方法和技术。其中,基于规则的方法是一种常见的方式。通过制定一系列规则,可以自动筛选出符合要求的文本。例如,可以设定关键词过滤规则,只保留包含特定情感词汇的文本;或者可以设置长度限制,排除过短或过长的文本。这些规则可以根据实际需要进行调整和优化,以提高筛选的准确性和效率。

除了基于规则的方法外,还可以利用机器学习算法进行数据筛选。通过训练模型来识别文本中的情感特征,可以自动将文本分类为含有丰富情感表达和不含有情感表达的类别。这种方法具有更高的灵活性和适应性,能够处理更加复杂和多样化的数据。然而,需要注意的是,机器学习方法的性能受限于训练数据的质量和数量,因此需要确保训练数据的准确性和代表性。

在筛选数据的过程中,还需要关注数据的平衡性。情感分析任务通常涉及正面情感和负面情感的识别,因此需要确保所选数据中正面和负面情感的分布相对均衡。这有助于避免模型在训练过程中产生偏差,提高其在实际应用中的泛化能力。

另外,还需要对筛选后的数据进行进一步的清洗和处理。这包括去除文本中的噪声和无关信息,如广告、链接、重复内容等;以及进行文本预处理操作,如分词、去除停用词、词性标注等。这些步骤有助于提升数据的纯净度和一致性,为后续的情感分析工作提供更好的数据基础。

值得注意的是,筛选数据并不是一次性的任务,而是需要不断迭代和优化的过程。随着数据集的扩大和应用场景的变化,可能需要调整筛选标准和方法,以适应新的需求。因此,需要建立一个持续的数据筛选机制,定期对数据进行更新和优化,以确保数据集的时效性和准确性。

总之,筛选数据是构建情感分析数据集中的关键环节。通过明确筛选标准、采用合适的方法和技术、关注数据的平衡性和清洗处理等方面的工作,可以确保所选数据的准确性和有效性,为情感分析模型的训练和应用提供有力支持。同时,还需要保持对数据的持续关注和优化,以适应不断变化的应用需求和技术发展。通过不断完善和改进数据筛选机制,可以构建出更加高质量、有价值的情感分析数据集,为自然语言处理领域的发展做出重要贡献。

(4)预处理数据。

在构建情感分析数据集的过程中,预处理数据是一个至关重要的环节。这一步骤的主要目的是对筛选后的数据进行清洗、格式化和标准化处理,以便后续的分析和处理工作能够更加准确、高效地进行。通过预处理,可以去除数据中的噪声和无关信息,使数据更加纯净、规范,从而提高情感分析模型的性能和准确性。

去除噪声是预处理数据的重要任务之一。在收集数据时,可能会遇到一些包含 HTML 标签、特殊字符、广告链接等噪声的文本。这些噪声不仅会影响文本的可读性,还可能对后续的情感分析产生干扰。因此,需要利用一些工具或算法,如正则表达式匹配、HTML 解析器等,将这些噪声从文本中去除,确保文本的纯净性。

标准化文本格式也是预处理数据的关键步骤。由于数据来源的多样性,收集到的文本可能具有不同的格式和风格。例如,有些文本可能包含大写字母、标点符号、缩写等,而有些文本则可能使用不同的字体、字号和排版方式。这些格式上的差异可能会对后续的情感分析造成影响。因此,需要对文本进行统一的格式化处理,如转换为小写字母、统一标点符号的使用、去除不必要的空格和换行符等,使文本具有一致的格式和风格。

分词是预处理数据中的另一个重要环节。对于中文文本来说,分词是将连续的字符序列切分成一个个有意义的词语单元的过程。通过分词,可以将文本转化为词语序列,为后续的情感分析提供基本的语言单元。在分词过程中,需要选择合适的分词算法和工具,如基于规则的分词、基于统计的分词等,以确保分词的准确性和效率。

去除停用词也是预处理数据中的一个重要步骤。停用词是指那些在文本中频繁出现但对情感分析没有实际贡献的词汇,如"的""是""在"等。这些停用词虽然对于人类阅读来说可能是有意义的,但在情感分析中,它们往往并不包含有用的情感信息。因此,去除这些停用词可以减少数据的冗余性,提高情感分析的效率。

除了上述几个关键步骤外,预处理数据还可能包括其他操作,如词性标注、命名实体识别等。这些操作可以进一步丰富文本的信息,为后续的情感分析提供更多的线索和依据。

在进行预处理数据时,需要注意保持数据的完整性和一致性。虽然预处理过程中可能会去除一些数据或修改一些格式,但应该确保这些操作不会对原始数据的情感信息造成损失或扭曲。同时,还需要注意预处理方法的可重复性和可移植性,以便在后续的数据集更新或扩展时能够方便地进行数据处理。

综上,预处理数据是构建情感分析数据集中的关键步骤。通过去除噪声、标准化文本格式、分词、去除停用词等操作,可以使数据更加纯净、规范,为后续的情感分析提供高质量的输入。在实际操作中,需要根据具体的任务和数据特点选择合适的预处理方法和工具,以确保预处理的效果和效率。同时,还需要不断优化和改进预处理流程,以适应不断变化的数据集需求和技术发展。通过精心设计和执行预处理步骤,可以为情感分析数据集的建设奠定坚实的基础,为后续的情感分析工作提供有力支持。

(5)标注数据。

在情感分析数据集的建设中,标注数据是一个不可或缺且至关重要的环节。对于需要用于自然语言处理等特定任务的数据集来说,数据的标注显得尤为重要。标注过程旨在赋予文本数据更丰富的语义信息,从而为模型的训练提供监督信号,提高模型的准确性和性能。下面将详细探讨标注数据的意义、方法及其在情感分析中的应用。

标注数据是将原始文本转化为结构化信息的过程,通过为文本中的元素(如词语、短语、句子等)添加标签或属性,使得这些元素在后续的分析和处理中能够被准确识别和理解。在情感分析任务中,标注数据的重要性主要体现在以下几个方面:

通过为文本数据添加情感标签(如正面、负面、中性等),标注数据为情感分析模型的训练提供了明确的监督信号。这使得模型能够学习到如何从文本中提取情感特征,并准确判断文本的情感倾向;标注数据的质量直接影响到情感分析模型的性能。通过精细化的标注,可以为模型提供更加丰富和准确的情感信息,从而帮助模型更好地理解和识别文本中的情感表达;标注数据不仅可以用于情感分析任务,还可以支持其他自然语言处理任务,如词性标注、命名实体识别等。这些任务可以为情感分析提供额外的语义信息,进一步提升分析的准确性和深度;在情感分析数据集中,标注数据的方法多种多样,具体取决于任务的需求和数据的特点。以下是一些常见的标注方法:

情感标注是最直接也最重要的标注方法之一。它要求标注者根据文本的情感倾向,为整个文本或文本中的特定片段(如句子、短语)赋予情感标签。情感标签可以是离散的(如正面、负面、中性),也可以是连续的(如情感得分)。情感标注的关键在于制定明确的标注规范,确保标注者能够准确理解并应用这些规范。

词性标注是自然语言处理中的一项基础任务,旨在为文本中的每个词语标注其词性(如名词、动词、形容词等)。在情感分析中,词性标注有助于更好地理解文本的语法结构和语义关系,从而为情感特征的提取和判断提供有力支持。

命名实体识别旨在识别文本中具有特定意义的实体(如人名、地名、组织机构名等)。在情感分析中,这些实体可能与情感表达密切相关,因此识别并标注这些实体有助于更准确地捕捉文本中的情感信息。

此外,还有一些更为复杂的标注方法,如依存句法标注、语义角色标注等,这些方法可以为情感分析提供更深入、更全面的语义信息。

标注数据在情感分析中的应用广泛且重要。以下是几个具体的应用场景:通过标注数据,可以训练出基于监督学习的情感分析模型。这些模型能够学习到从文本中提取情感特征的方法,并在给定新的文本时自动判断其情感倾向。监督学习模型在情感分析领域取得了显著的效果,成为当前主流的方法之一。标注数据还可以用于构建情感词典,即包含词汇及其对应情感极性和强度的词典。情感词典在情感分析中发挥着重要作用,可以帮助快速识别文本中的情感词汇并计算其情感得分。通过标注数据中的情感标签和词性等信息,可以自动或半自动地构建出高质量的情感词典。标注数据还可以用于对情感分析系统进行优化和改进。通过对比模型的预测结果和标注数据中的真实情感标签,可以评估模型的性能并发现其中的不足之处。然后,可以针对这些不足之处进行模型调整或改进算法,从而提高情感分析系统的准确性和可靠性。

尽管标注数据在情感分析中具有重要作用,但在实际操作中也面临着一些挑战。以下是一些常见的挑战及相应的解决方案:

标注数据通常需要大量的人工参与,因此成本较高。为了降低标注成本,可以采用众包、自动化标注等方法来扩大标注规模。同时,还可以利用无监督学习或半监督学习等方法来减少对标注数据的依赖。制定明确的标注规范并确保标注者的一致性是保证标注质量的关键。可以通过制定详细的标注指南、提供示例数据、进行标注者培训等方式来提高标注的一致性和准确性。情感表达具有多样性和复杂性,有时难以用简单的标签来准确描述。为了解决这个问题,可以采用更细粒度的标注方法(如多级情感标注),或者利用深度学习等方法来捕捉更复杂的情感表达模式。

综上所述,标注数据是构建情感分析数据集的关键环节之一。通过精细化的标注,可以为情感分析模型的训练提供监督信号,提高模型的准确性和性能。

（6）建立数据集。

在情感分析数据集的建设中，经过预处理和标注后的数据需要被妥善地存储和管理，以便于后续的查询和使用。数据集作为存储和管理数据的核心工具，扮演着至关重要的角色。本书将详细探讨建立数据集的重要性、数据集设计的原则以及数据入库与管理的过程，旨在构建一个高效、可靠的情感分析数据集。

数据集能够将预处理和标注后的数据进行整合，实现数据的统一存储。这有助于避免数据分散、格式不一的问题，提高数据的一致性和可用性。通过数据集，可以方便地检索和查询数据集中的数据。无论是按照文本内容、情感标签还是其他属性进行查询，数据集都能提供高效的检索机制，满足用户的不同需求。数据集具备完善的数据安全机制，可以保护数据免受非法访问、篡改和破坏。同时，数据集还可以提供数据备份和恢复功能，确保数据的可靠性和完整性。

数据集设计应遵循清晰、简洁的原则，合理划分数据表，明确字段之间的关系和约束。这有助于减少数据冗余、提高查询效率。数据集设计应符合标准化规范，以便于数据的共享和交换。同时，数据集应具有可扩展性，能够适应数据集的不断增长和变化。数据集设计应充分考虑安全性和稳定性需求，采用加密、权限控制等安全措施，确保数据的安全性和隐私保护。同时，数据集应具备良好的容错能力和恢复机制，确保系统的稳定运行。

将预处理和标注后的数据转换为数据集可接受的格式，如 CSV、JSON 等。这有助于确保数据能够顺利导入数据集并进行存储。利用数据集管理工具或编程语言，将转换后的数据导入到数据集中。在导入过程中，需要注意数据的完整性和准确性，确保所有数据都被正确导入。在数据导入后，需要进行数据校验和清洗工作。这包括检查数据的完整性、一致性以及是否存在异常值或重复数据。对于不符合要求的数据，需要进行相应的处理或删除。为了提高查询效率，需要对数据集中的关键字段建立索引。同时，还需要对查询语句进行优化，确保查询过程的高效性和准确性。随着数据集的不断发展和变化，需要定期对数据进行维护和更新。这包括添加新数据、删除过时数据以及更新数据标签等操作。在维护过程中，需要确保数据的一致性和完整性，避免数据损坏或丢失。

为了防止数据丢失或损坏，需要定期对数据集进行备份。备份包括全量备份和增量备份，以确保数据的完整性和可恢复性。同时，还需要建立数据集恢复机制，以便在数据丢失或损坏时能够迅速恢复数据集的正常运行。

总之，建立数据集是情感分析数据集建设中的重要环节。通过合理的数据集设计和有效的数据管理，可以确保数据集的数据安全、可靠且易于使用，为后续的情感分析工作提供有力支持。

在情感分析数据集的建设过程中，维护和更新是一个持续而重要的环节。随着社会的快速发展和语言的不断演变，数据集的内容需要保持时效性和代表性，以反映语言的最新使用情况。本书将详细探讨维护和更新数据集的重要性、具体的维护更新策略以及面临的挑战与解决方案，旨在构建一个持续演进、充满活力的情感分析数据集。

语言是不断发展和变化的，新的词语、表达方式和情感倾向不断涌现。定期对数据集进行维护和更新，可以确保数据集中包含最新的语言现象，使其更具时效性和实用性。数据集的代表性是其有效性的关键。随着社会的变迁和人们情感表达方式的变化，数据集需要不断更新以反映这些变化。通过维护和更新,可以确保数据集中的文本更加贴近实际使用情况,提高其在情感分析任务中的准确性和可靠性。情感分析模型的性能在很大程度上取决于训练数据的质量。通过维护和更新数据集,可以为模型提供更加丰富和多样的训练数据,支持模型的持续改进和优化,从而提高情感分析的准确性和稳定性。为了保持数据集的时效性,需要定期收集新的文本数据。这可以通过爬取社交媒体、新闻网站等在线资源来实现。同时,还需要关注新出现的词语、短语和表达方式,将其纳入数据集中。新收集的数据需要进行严格的审核和筛选,以确保其质量和代表性。这包括去除重复数据、过滤低质量文本以及确保数据的多样性。同时,还需要关注数据的情感倾向和分布情况,以确保数据集在情感分析任务中的有效性。对于已标注的数据,需要定期检查并更新其标注信息。随着情感分析技术的发展和标注规范的完善,可能需要重新评估和调整已有的标注结果。此外,对于新收集的数据,需要进行情感标注和其他必要的标注工作,以确保数据集的标注质量和一致性。

为了确保数据集的质量和有效性,需要定期监控其性能表现。这可以通过在测试集上评估情感分析模型的性能来实现。如果模型性能出现下降或波动较大的情况,需要检查数据集的数据质量和标注准确性,并采取相应的措施进行改进。

需要考虑的是,在数据集构建过程中,还要充分考虑到数据收集的难度、标注一致性以及技术和资源限制。随着在线资源的不断增多和变化,收集高质量、具有代表性的数据变得越来越困难。为了解决这个问题,可以采用多种数据收集策略,如定向爬取、合作获取等,同时结合人工筛选和审核来确保数据质量。由于标注工作涉及主观判断,不同标注者之间可能存在标注不一致的情况。为了解决这个问题,可以制定详细的标注规范和指南,并为标注者提供培训和支持。此外,还可以采用自动化标注工具或算法来辅助标注工作,提高标注的一致性和准确性。维护和更新数据集需要投入大量的时间和资源,包括人力、计算资源和存储空间等。面对这些限制,可以考虑利用云计算和分布式存储等技术来降低成本并提高效率。同时,还可以寻求合作与共享资源的方式,与其他机构或研究团队共同建设和维护数据集。

随着情感分析技术的不断发展和应用需求的日益增长,情感分析数据集的维护和更新将变得更加重要和复杂。利用自然语言处理技术和机器学习算法来自动识别和筛选新数据、自动调整标注规范以及自动优化数据集结构等将有助于降低人工干预的成本和错误率,提高数据集的维护效率和准确性。此外,还可以加强数据集的共享与合作机制,推动不同领域和机构之间的数据互通和资源整合。通过共享数据集资源和经验,可以共同推动情感分析技术的发展和应用,为社会的情感表达和理解提供更加深入和准确的支持。

维护和更新是情感分析数据集建设中的关键环节。通过制定合理的维护更新策略、应对挑战并采取有效的解决方案,可以确保数据集的时效性和代表性,为情感分析任务提供高质量的数据支持。未来,随着技术的不断进步和应用需求的不断扩展,情感分析数据集的维护和更新将变得更加重要和有意义。

构建情感分析数据集是一个系统而复杂的过程,涉及多个关键步骤,每个步骤都需要精心设计和执行,以确保数据集的质量和适用性。从数据的收集与预处理,到标注与验证,再到数据集的建立与维护,每一个环节都至关重要,直接关系到数据集的可靠性和有效性。数据的收集与预处理是构建数据集的基石。需要从各种来源收集大量的文本数据,并进行必要的清洗和预处理工作,以消除噪声和无关信息,提高数据的质量。这一过程需要严谨的方法和工具支持,以确保数据的准确性和一致性。标注与验证是构建高质量数据集的关键环节。标注工作涉及对文本数据进行情感倾向的判断和分类,需要专业的知识和经验。为了确保标注的准确性,需要制定详细的标注规范和指南,并对标注结果进行严格的验证和修正。同时,还需要关注标注数据的一致性和平衡性,以确保数据集在情感分析任务中的有效性。建立数据集是存储和管理数据集数据的核心环节。通过设计合理的数据集结构,可以有效地整合和存储预处理和标注后的数据,提供高效的数据检索和查询功能。数据集的安全性和稳定性也是至关重要的,需要采取适当的安全措施,保护数据免受非法访问和破坏。维护和更新是确保数据集时效性和代表性的重要手段。随着社会的变化和语言的演进,需要定期更新数据集的内容,以反映最新的语言现象和情感表达方式。这包括收集新的数据、更新标注信息以及监控数据集的质量等。通过持续的维护和更新,可以确保数据集始终保持活力和有效性。

总之,构建情感分析数据集是一个需要精心设计和执行的系统过程。通过每个环节的认真工作和持续优化,可以构建出高质量、适用性强的数据集,为情感分析任务提供有力的数据支持。这将有助于推动情感分析技术的发展和应用,为更好地理解和分析文本中的情感倾向提供有力工具。

5.8 分 析 工 具

用于系统功能语言学分析的软件工具多种多样,这些工具在语言学研究中发挥着至关重要的作用,帮助研究者们更深入地理解和分析语言的结构和功能。常用的系统功能语言学分析软件工具包括 AntConc、TreeTagger、R 语言及其相关包和 Python 及其 NLTK、spaCy 等库。AntConc 是一款免费的文本分析工具,提供了词频统计、词组搭配、关键词提取等功能。虽然它不是一个专门为系统功能语言学设计的工具,但其强大的文本处理能力和灵活的自定义选项使得它成为语言学研究中的常用工具。TreeTagger 是一个用于词性标注的工具,可以自动识别文本中的单词并赋予其相应的词性标签。对于系统功能语言学研究来说,词性标注是分析语言结构和功能的重要步骤之一。TreeTagger 支持多种语言,并具有较高的标注准确性。R 语言是一个强大的统计分析和数据可视化工具,通过安装和加载特定的语言学包(如 text2vec、tm 等),可以实现对文本数据的清洗、预处理、特征提取和模型构建等功能。虽然 R 语言的学习曲线可能较陡峭,但其灵活性和可扩展性使得它成为语言学研究中越来越受欢迎的工具。Python 作为一种通用编程语言,在语言学研究中也有着广泛的应用。通过利用 NLTK(Natural Language Toolkit)和 spaCy 等自然语言处理库,研究者们可以实现对文本数据的分词、词性标注、句法分析等功能,进而进行更深入的语言学分析。

当然,最常用的专门系统功能语言学分析工具为 UAM Corpus Tool。UAM Corpus Tool 是一个用于文本标注和分析的强大工具,特别适用于系统功能语言学的研究。UAM

Corpus Tool 允许用户创建自定义的标注方案,并支持多种标注类型,如词语标注、句子标注、篇章标注等。用户可以根据研究需求,对文本进行细致、全面的标注,从而揭示文本中的语言结构和功能特点。在系统功能语言学研究中,往往需要对文本进行多层次的标注,以揭示不同层面的语言信息。UAM Corpus Tool 支持在同一文本上应用多个标注方案,研究者可以根据需要,对文本进行多层次的标注和分析,从而获取更丰富的语言信息。UAM Corpus Tool 不仅提供基本的文本标注功能,还能够生成详细的统计数据和可视化结果。这些统计数据和可视化图表可以帮助研究者直观地了解标注的分布情况、频率统计以及相互之间的关系等,从而更深入地理解文本的结构和功能。UAM Corpus Tool 拥有直观友好的界面设计,使得研究者能够轻松上手。工具的操作流程简单明了,即使对于初学者来说,也能够快速掌握其使用方法。此外,UAM Corpus Tool 还支持多种文件格式,方便研究者导入和处理各种文本数据。

UAM Corpus Tool 在系统功能语言学研究中的应用比较全面,能做的包括主位与述位分析、信息结构分析和衔接与连贯分析。在主位结构分析中,UAM Corpus Tool 可以帮助研究者识别并标注文本中的主位和述位成分,进而分析主位和述位的类型、分布以及它们之间的关系。这有助于揭示文本的信息流动和交际功能,进一步理解文本的整体意义。信息结构关注文本中信息的组织和呈现方式。利用 UAM Corpus Tool,研究者可以对文本进行信息结构标注,分析已知信息和新信息的分布、信息焦点的位置以及信息的层级结构等。这有助于理解文本的信息层次和交际意图,进而揭示作者的写作策略和读者的阅读体验。在系统功能语言学中,衔接与连贯是构建连贯语篇的关键要素。UAM Corpus Tool 可以帮助研究者识别和分析文本中的衔接手段,如指代、省略、连接词等,并分析它们在构建文本连贯性中的作用。此外,工具还可以分析文本中的连贯性特征,如主题发展、逻辑关系和语义关联等,从而揭示文本的整体结构和意义。总的来说,UAM Corpus Tool 是一款专门为语料库分析设计的软件,它非常适合进行系统功能语言学研究,研究者可以更好地用它来帮助理解和分析语言中的评价性表达、立场和态度等情感资源。

除了上述工具外,还有一些专门为系统功能语言学设计的软件或插件,如用于分析主位结构、信息结构和衔接手段的工具等。这些工具通常需要根据具体的研究需求进行选择和使用。需要注意的是,不同的软件工具在功能和操作方式上可能有所差异,研究者需要根据自己的研究需求和背景选择合适的工具。同时,对于初学者来说,可能需要花费一定的时间来学习和掌握这些工具的使用方法。

5.9 混合方法

在情感分析中,情感词典作为一种重要的资源,能够提供丰富的情感词汇信息。然而,仅仅依赖情感词典进行情感分析往往无法捕捉到文本中情感的细微差别。因此,结合传统机器学习方法,如支持向量机(SVM)或随机森林(RF),能够更准确地识别文本的情感极性。通过引入系统语言学理论框架,可以更好地捕捉文本中情感的语境依赖性和细微变化,从而提高情感极性分类的准确性。如何利用情感词典识别文本中的情感词汇,并结合传统机器学习方法以及语言学特征进行文本情感极性分类？将从数据准备、特征提取、模型构建和评估等方面展开讨论，并探讨如何结合系统功能语言学特征优化模型性能。

（1）数据准备。

在进行情感极性分类之前，首先需要准备一个标注好的情感分析数据集。这个数据集应该包含一定数量的文本样本，每个样本都标注了相应的情感极性标签（如正面、负面或中性）。这些数据可以从公开的情感分析数据集、社交媒体平台、产品评价网站等来源获取。为了构建高质量的情感词典，可以利用现有的情感词典资源，如 WordNet、SentiWordNet等。这些词典提供了丰富的情感词汇及其对应的情感极性。此外，还可以利用一些开源工具或算法，从大规模语料库中自动提取情感词汇，构建自定义的情感词典。

（2）特征提取。

情感词典特征提取是情感分析中的关键步骤之一。通过情感词典，可以识别出文本中的情感词汇，并计算它们在文本中的权重或频率。这些权重或频率可以作为机器学习模型的输入特征。具体而言，可以遍历文本中的每个词语，检查它是否出现在情感词典中。如果出现在正面情感词典中，则将其权重设为正值；如果出现在负面情感词典中，则将其权重设为负值；如果既不出现在正面词典也不出现在负面词典中，则将其权重设为 0 或忽略。然后，可以计算每个文本样本中正面词汇和负面词汇的总权重或频率，作为该样本的情感词典特征。

除了情感词典特征外，还可以结合系统功能语言学的特征来丰富文本表示。系统功能语言学强调语言与语境的关系，认为情感表达是语境依赖的。因此，可以提取一些反映文本语境和情感细微变化的特征。例如，可以提取文本中的主位和述位结构，分析它们在表达情感时的作用。主位通常传达信息的出发点，而述位则是对主位的进一步说明或展开。通过分析主位和述位之间的关系，可以捕捉到文本中情感的传递和表达方式。此外，还可以提取文本中的信息结构和衔接手段。信息结构关注文本中信息的组织和呈现方式，而衔接手段则用于连接文本中的不同部分，形成连贯的语义单元。这些特征能够反映文本中情感的逻辑关系和层次结构，有助于更准确地识别情感极性。

（3）模型构建与评估。

在提取了情感词典特征和基于系统功能语言学的特征后，可以利用这些特征构建机器学习模型进行情感极性分类。常见的机器学习算法如支持向量机（SVM）和随机森林（RF）都可以用于这个任务。具体而言，可以将提取的特征作为输入，将情感极性标签作为输出，训练一个分类器模型。在训练过程中，可以使用交叉验证等技术来优化模型的超参数，以提高模型的性能。

为了评估模型的性能，可以使用准确率、召回率、F1 值等指标。这些指标能够全面反映模型在分类任务上的表现。此外，还可以使用混淆矩阵等可视化工具来进一步分析模型的分类结果。混淆矩阵能够展示模型在各个类别上的分类情况，帮助识别出模型可能存在的误分类问题，并进行相应的优化。

（4）结合系统功能语言学特征优化模型性能。

在将系统功能语言学特征引入模型后，可以通过一系列实验来验证其对模型性能的提升效果。具体来说，可以设计对比实验，分别使用仅包含情感词典特征的模型和结合了系统功能语言学特征的模型进行情感极性分类。通过比较两个模型在相同数据集上的分类性能,可以评估系统功能语言学特征对模型性能的影响。此外,还可以尝试不同的特征组合和权重调整策略,以进一步优化模型的性能。例如,可以调整情感词典特征和系统功能语言学特征的权重比例,或者尝试将不同类型的特征进行融合,以充分利用它们各自的优势。

综上,通过利用情感词典识别文本中的情感词汇,并结合传统机器学习方法如 SVM 或 RF,能够实现对文本情感极性的有效分类。这种方法的优势在于能够利用情感词典提供的丰富情感词汇信息,同时借助机器学习模型的强大分类能力,对文本的情感倾向进行准确判断。然而,也意识到仅依赖情感词典和机器学习模型可能无法完全捕捉到文本中情感的细微差别。因此,进一步引入了基于系统功能语言学的特征,如语境依赖的情感表达,以丰富文本表示并提升模型对情感细微差别的识别能力。通过实验验证,发现结合系统功能语言学特征的模型在情感极性分类任务上取得了更好的性能表现。

基于修正情感词典的方法仍存在一些值得讨论的问题。首先,如前所述,情感词典的质量和覆盖范围对情感分析的准确性具有重要影响。目前,虽然存在一些公开的情感词典资源,但它们的完整性和准确性仍有待提高。因此,如何构建更加准确和全面的情感词典是一个值得研究的问题。其次,情感的语言特征的提取和选择也是一个关键问题。系统功能语言学理论提供了丰富的语言分析框架,但如何将这些框架有效地应用于情感分析任务中,仍需要进一步的探索和研究。因此,需要开发新的特征提取方法,以进一步提高情感极性分类的准确性。还需要考虑模型的泛化能力和鲁棒性。在实际应用中,文本数据往往具有多样性和复杂性,如何使模型能够适应不同的数据分布和噪声干扰,是一个具有挑战性的问题。因此,可以进一步研究如何结合迁移学习、对抗性训练等技术,提高模型的泛化能力和鲁棒性。

因此,利用大规模语料库和深度学习技术,可以自动提取更多的情感词汇,并构建更加准确和全面的情感词典。同时,还可以考虑将情感词典与领域知识相结合,以更好地适应不同领域和场景下的情感分析需求。其次,可以研究更加复杂的情感表达方式和分类体系。除了基本的正面和负面情感极性外,文本中还可能存在更复杂的情感状态,如中性、混合情感等。因此,可以尝试构建更加精细的情感分类体系,并开发相应的分类算法来识别这些复杂的情感状态。

此外,在使用情感词典时,需要视特定的场景和分析任务,将情感分析与其他自然语言处理任务相结合,能够实现更全面的文本理解和分析。例如,可以将情感词典的修订与文本摘要、实体识别等任务相结合,从多个维度对词典中载明的词汇进行深入的挖掘和分析扩充。这将有助于更好地理解文本的内容和意图,为实际应用提供更加丰富的信息支持。为下一步深度学习提供更为有力的支持。

深度学习作为机器学习的一个分支,近年来在情感分析领域取得了显著进展。深度学习模型,如卷积神经网络(CNN)和循环神经网络(RNN),能够自动从原始文本数据中提取出深层次的特征表示,从而避免了烦琐的手工特征工程。然而,尽管深度学习模型在特征提取方面表现出强大的能力,但它们往往缺乏对文本内在结构和语境信息的深入理解。

系统功能语言学作为一种研究语言使用和功能的理论框架,为提供了理解文本内在结构和语境信息的独特视角。在利用深度学习方法进行情感分析的过程中,结合语言理论所描述的情感特征可以帮助更深入地理解文本中的情感表达,从而提高情感极性分类的准确性。

使用深度学习模型自动提取文本特征,结合人工识别和标注,能够提高情感分析的性能。利用注意力机制来模拟语义情感中的焦点和强调,可以帮助模型关注于情感表达的关键部分。

深度学习在情感分析中的应用主要体现在自动特征提取和分类模型构建两个方面:自动特征提取和分类模型构建。传统的情感分析方法往往需要依赖手工提取的特征,如词频、TF-IDF 等。然而,这些方法往往无法捕捉到文本中的深层次信息和语义关系。深度学习模型,如 CNN 和 RNN,能够自动从原始文本数据中提取出深层次的特征表示。CNN 通过卷积操作捕捉文本中的局部模式,如 N-Gram 特征,并通过池化操作提取最具代表性的特征。RNN 则能够捕捉文本中的时序依赖关系,通过递归地处理文本序列中的每个单词,生成一个固定长度的向量表示整个文本。这些向量能够捕捉到文本中的语义信息和情感倾向,为情感分析提供了有力的支持。

在提取了深层次的文本特征后,可以利用这些特征构建分类模型进行情感极性分类。常见的分类模型包括全连接神经网络、支持向量机(SVM)等。这些模型能够根据提取的特征学习一个分类边界,将文本样本划分为不同的情感极性类别。

尽管深度学习模型在情感分析中表现出强大的自动特征提取能力,但它们往往缺乏对文本内在结构和语境信息的深入理解。而系统功能语言学特征正好能够弥补这一不足。

系统功能语言学强调语言的社会性和功能性,认为语言的使用是受到语境和社会文化因素影响的。在情感分析中,情感的语言特征可以帮助更深入地理解文本中的情感表达。例如,主位和述位结构可以揭示文本中的信息焦点和情感表达的核心;语气和情态系统则可以表达作者的情感态度和观点。这些特征都能够为情感分析提供有用的信息。此外,通过将文本划分为不同的层次和结构单位,可以更好地理解文本中的情感表达和传递方式。例如,通过分析文本的句子结构和段落组织,可以识别出情感表达的关键部分和逻辑关系,从而更准确地判断文本的情感极性。

为了充分利用深度学习的自动特征提取能力和文本内在结构和语境信息的深入理解,可以将两者结合起来进行情感分析。

(1)特征融合。

一种简单而有效的方式是将深度学习提取的特征和系统功能语言学特征进行融合。具体而言,可以使用深度学习模型(如 CNN 或 RNN)从文本中提取出深层次的特征向量,然后将这些向量与系统功能语言学特征(如主位、述位、语气等)进行拼接或加权组合,形成一个更全面的特征表示。这个特征表示既包含了文本中的深层次语义信息,又融入了系统功能语言学对文本结构和语境的理解,有助于提高情感分析的准确性。

(2)注意力机制的应用。

注意力机制是一种模拟人类视觉注意力机制的深度学习技术,它可以帮助模型关注于输入数据中的关键部分。在情感分析中,可以利用注意力机制来模拟系统功能语言学中的焦点和强调,使模型更加关注于情感表达的关键部分。

具体而言,可以在深度学习模型中加入注意力层,通过计算每个单词或句子对情感表达的重要性得分,为它们分配不同的权重。这样,模型就能够更加关注于那些对情感极性判断具有重要影响的部分,从而提高情感分析的准确性。

为了验证结合深度学习在情感分析中的有效性,可以设计一系列实验并进行评估。

(1)数据集准备。

首先,需要准备一个标注好的情感分析数据集。这个数据集应该包含一定数量的文本样本,每个样本都标注了相应的情感极性标签(如积极、消极文心大模型 3.5 生成或中性)。这些数据可以来自社交媒体、电影评论、产品评价等各个领域,以确保模型的泛化能力。

(2)模型训练与测试。

在准备好数据集后,可以将数据集划分为训练集、验证集和测试集。训练集用于训练深度学习模型和提取特征,验证集用于调整模型的超参数和优化性能,测试集则用于评估模型的最终性能。

可以使用常见的深度学习框架(如 TensorFlow 或 PyTorch)来构建和训练模型。在模型训练过程中,可以使用交叉熵损失函数作为优化目标,通过反向传播算法更新模型的参数。同时,还可以使用早停法、正则化等技巧来防止过拟合,提高模型的泛化能力。在模型训练完成后,可以使用测试集来评估模型的性能。常见的评估指标包括准确率、召回率、F1值等。这些指标可以帮助全面了解模型在情感分析任务上的表现。

(3)对比实验与结果分析。

为了验证结合深度学习情感分析的有效性,可以设计一系列对比实验。例如,可以比较仅使用深度学习模型、仅使用语言特征以及结合两者的方法在情感分析任务上的性能表现。通过对比实验的结果,可以分析不同方法之间的优劣和差异。如果结合深度学习与语言特征的方法在性能上优于其他方法,那么这将验证提出的方法的有效性。同时,还可以进一步分析不同特征对性能提升的贡献程度,以及注意力机制在模型中的作用。

结合深度学习与语言特征在情感分析中的应用具有一定的创新性和实用性。通过利用深度学习模型自动提取文本特征,并结合语言理论指导下的人工标注,能够更全面地理解文本中的情感表达。同时,利用注意力机制模拟焦点和强调,可以帮助模型更加关注于情感表达的关键部分,从而提高情感极性分类的准确性。然而,也意识到在结合深度学习与语言特征的过程中可能存在一些挑战和限制。首先,深度学习模型的训练需要大量的数据和计算资源,这对于一些小型数据集或资源有限的情况可能不太适用。其次语言特征的提取需要一定的语言学知识和经验,这对于非语言学背景的研究者可能存在一定的门槛。此外,如何有效地融合深度学习特征和语言特征,以及如何调整模型的参数和结构以优化性能,都是需要进一步研究和探索的问题。

在探索深度学习模型的改进和优化的过程中,可以不断调试,例如,可以尝试使用更先进的模型结构(如 Transformer、BERT 等)来提取文本特征,以提高特征表示的质量和效果。同时,还可以研究如何更好地利用无监督学习、迁移学习等技术来提高模型的泛化能力和鲁棒性。也可以进一步深入研究系统功能语言学理论在情感分析中的应用。例如,可以尝试提取更多类型的语言特征,如语气系统、情态系统、评价系统等,以更全面地描述文本中的情感表达。

要探究如何将语言理论与深度学习模型更紧密地结合起来,以实现更深层次的特征融合和模型优化,同时关注情感分析在实际应用中的落地和推广。例如,可以将情感分析技术应用于社交媒体监测、产品评价分析、舆情预警等实际场景中,为社会治理、商业决策等领域提供有力支持。同时,还可以研究如何将情感分析与其他自然语言处理任务(如实体识别、关系抽取等)相结合,实现更全面的文本理解和分析。

另外,还需要关注情感分析领域的伦理和隐私问题。随着大数据和人工智能技术的快速发展,如何保护用户隐私、防止滥用情感分析技术等问题也日益凸显。因此,需要在推进技术发展的同时,加强伦理规范和法律法规的建设,确保情感分析技术的健康、可持续发展。

第6章 基于系统功能语言学的情感分析

基于系统功能语言学的情感分析模型,结合了语言学理论与自然语言处理技术的方法,用于分析和理解文本中的情感极性、情感倾向和情感强度。就语言理论而言,模型纳入元功能分析和语境分析,将语言中的情感要素视为包括评价在内的资源和系统。对于自然语言处理技术,模型仍然采用情感词典和深度学习方法。

6.1 综 合 路 径

情感分析涉及对文本中的情感倾向进行识别、分类和量化。基于情感词典的分析是情感分析中的一种常用方法,它利用预定义的情感词典对文本中的情感词汇进行打分,以确定其极性(正面或负面)和强度(如轻度、中度或重度)。这种方法能够快速、有效地捕捉文本中的情感色彩,为后续的文本分析和决策提供有力支持。

(1)情感词典。

在系统功能语言学基础上,重新审视情感词典方法,修正的建立新的情感词典,并以此为情感分析的基础工具。修正后的情感词典摈弃心理学范式,而以评价理论为理论来源,要包含更多的词语及其对应的情感极性、倾向和强度信息。情感词典的构建通常基于人工标注的语料库,通过统计和分析词语在不同情感上下文中的使用情况,确定其情感倾向和强度。

新的情感词典应秉持开放性策略,注意涵盖了不同领域、不同语境下的情感表达。这使得它能够在不同领域和场景下进行有效的情感分析。同时,词语的进入要经过严格的筛选和标注,具有较高的情感倾向和强度识别精度。这使得基于情感词典的分析结果更加可靠和准确。基于语言学的情感词典应该顺应语言发展动态,根据新的语料库和标注数据进行更新和扩展,以适应不断变化的语言环境和情感表达方式。

基于情感词典的文本情感分析主要包括以下步骤:对原始文本进行分词、去除停用词等预处理操作,以便后续的情感词语识别和打分;利用情感词典对预处理后的文本进行扫描,识别出其中的情感词语。这通常通过匹配情感词典中的词语来实现;根据情感词典中每个词语的情感倾向和强度信息,对识别出的情感词语进行打分。正面情感词汇通常赋予正值,负面情感词汇赋予负值,而中性词汇则赋值为零。同时,根据词语的强度信息,可以对分数进行加权处理,以反映不同词语在情感表达中的贡献程度;根据文本中所有情感词语的得分总和,判断文本的整体情感倾向。如果得分总和为正,则判断为正面情感;如果为负,则判断为负面情感;如果接近零,则可能表示中性情感或无明显情感倾向;除了判断情感倾向外,还可以根据得分总和的绝对值或加权平均值来评估文本的情感强度。绝对值或加权平均值越大,表示情感强度越高;反之,则表示情感强度越低。

基于新语言学理论的情感词典分析方法在情感分析中具有一定优势。情感词典中的词语已经预先标注了情感倾向和强度信息,因此在进行情感分析时无需对每个词语进行实时的情感计算。这使得基于情感词典的分析方法具有较高的处理速度和效率。情感词典的构建通常基于大量标注数据和统计方法,具有较高的情感识别精度。因此,基于情感词典的分析方法在识别文本情感倾向和强度方面通常具有较高的准确性。由于情感词典中的词语和分数都是基于明确规则和标注数据得出的,因此分析结果具有较好的可解释性。这有助于用户理解文本中的情感色彩和来源,为决策提供有力支持。

需要注意的是,按照系统功能语言学理论构建的情感词典仍然要面对一系列的挑战。第一,情感词典可能无法覆盖所有情感词语,尤其是新出现的词语或特定领域的专业词语。这可能导致在分析某些文本时遗漏重要的情感信息。第二,有些词语在不同的语境下可能具有不同的情感倾向,而情感词典通常只提供单一的标注信息。这可能导致在分析复杂文本时出现误判或歧义。第三,情感词典中对于情感强度的划分往往具有一定的主观性,不同标注者可能对同一词语的强度有不同的判断。这可能导致在分析时产生一定的偏差。

因此,随着语言的发展和变化,情感词典需要不断更新和扩展。可以通过收集新的语料库和标注数据,对情感词典进行动态更新,以适应新的情感表达方式。同时,在情感词典的应用过程中,要注意结合上下文信息来判断词语的情感倾向和强度,必要时结合人工标注和判断,不能完全进行无监督分析。例如,可以利用句法分析和语义理解技术来识别词语在句子中的位置和关系,从而更准确地判断其情感色彩。另外,注重融合多个情感词典的信息,以弥补单一词典的不足。通过综合考虑多个词典的标注结果,可以提高情感分析的准确性和可靠性。

综合而言,利用预定义的情感词典对文本中的情感词汇进行打分和分类以识别文本的情感倾向和强度,具有高效性、准确性和可解释性等优点,在文本分析、舆情监测、产品评价等领域具有广泛的应用价值。但应该坚持语言理论本位、开放和多元互证的思路,不断加强情感词典的构建和更新工作。以语言学理论探索完善情感词典的构建方法,提高标注准度和效率,开发和分析标注理论,收集更多的标注数据,从源头上提高情感词典的覆盖率和准确性。同时,还需要具有社会语言视野,关注网络上新出现的词语和表达方式,及时更新情感词典,以适应语言的发展和变化。随着语言大模型技术的不断普及,结合上下文信息的情感分析方法变得日益方便。而文本中的情感表达往往与上下文密切相关,因此,可以尝试运用更大上下文容量的句法分析和语义理解技术,提取文本中的上下文信息及语义依存信息,并将之提炼为重要参数,以更准确地判断词语的情感倾向和强度。这种方法可以有效解决情感词典中词汇情感倾向模糊的问题,提高情感分析的准确性。

情感词典的修订完全可以和深度学习等机器学习技术互证,形成有益的技术生态态势。不断修订和迭代的情感词典,可以直接用于语料标注,并形成高质量的数据集。这样的数据集用于深度学习,用大模型自动学习数据集中的情感特征表示,挖掘深层次的情感信息。通过大量的学习和模型训练,尝试更加复杂和精细的情感表达模式,从而提高情感分析的准确性和泛化能力。训练的结果,可以结合人工方法进行标注,并将其结果用于情感词典的深度修订,相互促进,不断获取准度和效度上的进步。

跨领域的情感分析也是一个值得探索的方向。不同领域的文本往往具有不同的情感表达方式和特点,因此,需要针对不同领域的特点,构建领域特定的情感词典和分析模型。通过跨领域的情感分析,可以更好地理解不同领域中的情感表达,为实际应用提供更加精准和有效的支持。

总之,基于情感词典的分析在情感分析中扮演着重要角色。要进一步提高情感分析的准确性和可靠性,需要不断完善情感词典、探索结合上下文信息的分析方法、利用深度学习等机器学习技术进行优化,并开展跨领域的情感分析研究,以更好地理解和利用文本中的情感信息,为各个领域的发展提供有力支持。

(2)修饰语。

在情感分析领域,情感词典是识别文本情感倾向和强度的重要工具,但单纯依赖情感词典可能无法捕捉到文本中细微的情感变化。为了更准确地分析文本情感,需要结合修饰语进行分析。修饰语,如否定词、程度副词、连词等,在文本中起到了至关重要的作用,它们能够改变情感的极性和强度,使得情感表达更加丰富和复杂。

修饰语是文本中用来修饰或限定其他词语或短语的词语或短语,它们在情感分析中发挥着不可替代的作用。通过对修饰语的分析,可以更加准确地把握文本中的情感色彩和细微变化。否定词,如"不""无""非"等,是修饰语中重要的一类。它们在文本中能够改变情感的极性,即将正面情感转变为负面情感,或将负面情感转变为正面情感。例如,在句子"这部电影不好看"中,否定词"不"改变了形容词"好看"的情感极性,使得整个句子的情感倾向变为负面。程度副词,如"非常""极度""稍微"等,用来修饰形容词、副词或其他成分,以表示情感的强度或程度。程度副词能够增强或减弱情感词汇的强度,使得情感表达更加精确。例如,在句子"我非常喜欢这本书"中,程度副词"非常"增强了动词"喜欢"的情感强度,使得整个句子的情感表达更加强烈。连词在文本中连接不同的句子或短语,它们能够影响情感表达的连贯性和逻辑性。通过分析连词的使用,可以理解文本中情感变化的逻辑关系和层次结构。例如,在句子"虽然这部电影有些瑕疵,但总体上我还是很喜欢的"中,连词"虽然……但"表明尽管存在负面因素,但整体情感倾向仍然是正面的。

基于情感词典与修饰语的情感分析,首先要对原始文本进行预处理,包括分词、去除停用词等操作。这些步骤有助于简化文本结构,为后续的情感词汇识别和修饰语分析奠定基础。其次,利用情感词典对预处理后的文本进行扫描,识别出其中的情感词汇,并根据情感词典中标注的情感倾向和强度信息进行打分。正面情感词汇赋予正值,负面情感词汇赋予负值,中性词汇赋值为零。在识别情感词汇的同时,关注文本中的修饰语,如否定词、程度副词、连词等。分析这些修饰语对情感词汇的影响,确定它们是否改变了情感的极性或强度。对于否定词,需要注意其作用的范围和层次;对于程度副词,需要判断其增强或减弱的程度;对于连词,需要理解其连接的不同情感成分之间的关系。最后,结合情感词汇的得分和修饰语的分析结果,计算文本的整体情感倾向和强度。对于包含否定词的句子,需要根据否定词的作用范围调整情感词汇的得分;对于包含程度副词的句子,需要根据程度副词的作用程度调整情感词汇的得分。最后,将所有情感词汇的得分进行汇总,得到文本的整体情感倾向和强度。

结合情感词典与修饰语分析的方法具有明显优势。通过综合考虑情感词汇和修饰语的信息,可以更准确地识别文本中的情感倾向和强度,减少误判和歧义;修饰语的存在使得情感表达更加灵活多变,结合修饰语分析可以捕捉到文本中细微的情感变化,提高分析的深度和广度;通过对修饰语的分析,可以明确情感变化的原因和逻辑关系,使得分析结果更易于理解和解释。

在情感词典的基础上结合修饰语进行情感分析所面对的主要挑战在于:情感词典可能无法覆盖所有的情感词汇和修饰语,尤其是对于新兴词汇或特定领域的专业词汇,这可能导致在分析某些文本时出现遗漏或误判;修饰语在文本中的使用往往具有一定的复杂性和多样性,如连词的嵌套使用、程度副词的叠加使用等。这使得准确识别和分析修饰语变得具有挑战性;情感词汇和修饰语的情感意义往往受到上下文语境的影响。在不同的语境中,同一个词语或修饰语可能具有不同的情感倾向和强度。因此,在分析过程中需要充分考虑语境因素的影响。

因此,前述的情感词典修订需要再次强调:要不断通过收集更多的标注数据和领域知识,扩展情感词典的覆盖范围,提高其准确性和完整性。同时,可以考虑引入动态更新机制,以适应语言的发展和变化。当然,基于语言理论的模型,从源头上讲,还是要加强对修饰语的研究,深入理解其作用机制和影响规律。通过构建更加精细的修饰语分类体系和分析方法,提高修饰语识别的准确性和情感分析的可靠性。

结合情感词典与修饰语分析的情感倾向识别与量化是一种有效的方法,也是对情感词典方法的一个小的修正,能够提高情感分析的准确性和可靠性。通过不断完善情感词典、深入研究修饰语的作用机制、结合上下文信息进行情感分析以及利用深度学习等先进技术,可以进一步推动情感分析领域的发展,并为其在各个领域的应用提供有力支持。

(3)语境分析。

在情感分析领域,语境分析是一项至关重要的工作。系统功能语言学提供了一种深入理解语境及其与情感表达之间关系的理论框架。语境包括社会文化语境和情景语境,这两者共同影响着语言的使用和情感的表达。在分析情感时,需要仔细考虑词语在特定语境中的使用方式,以及句子和段落的结构,以全面把握情感在文本中的表达和强化。

社会文化语境是指语言活动所处的社会文化环境,包括社会制度、价值观念、风俗习惯等。这些因素会深刻影响语言的选择和使用,进而影响情感的表达。例如,在不同的文化背景下,同一词语可能具有不同的情感色彩。因此,在分析情感时,需要了解文本所处的社会文化环境,以便准确理解词语的情感意义。

情景语境是指语言活动发生的具体场景,包括语场、语旨和语式。语场指的是正在发生什么事,即语言活动所涉及的主题或领域;语旨指的是谁是参与者,即参与语言活动的人及其之间的关系;语式指的是语言活动是如何发生的,即语言的渠道或媒介。这三个因素共同构成了情景语境,对情感表达产生深远影响。例如,在不同的语场下,同一词语可能具有不同的情感意义。在描述一场体育比赛的语境中,"胜利"一词通常带有积极的情感色彩;而在描述一场战争的语境中,"胜利"则可能带有复杂或沉重的情感色彩。同样,语旨和语式的变化也会影响情感的表达。不同的参与者和语言渠道可能导致情感的传递和接收方式发生变化。

除了社会文化语境和情景语境外,还需要关注整个句子甚至段落的语类和语域结构。语类是指语言活动的类型或体裁,如新闻、广告、小说等;语域则是指特定语境下的语言变体。不同的语类和语域会影响情感的表达和强化方式。通过分析语类和语域,可以更好地理解情感是如何在文本中被表达和强化的。例如,在新闻报道中,作者可能通过特定的句式和词汇选择来传递某种情感倾向;在小说中,作者则可能通过叙述视角、情节安排等手段来构建和强化情感氛围。

在情感分析中,情感词典和修饰语分析提供了识别和理解情感倾向的有力工具。然而,这些工具的有效性在很大程度上取决于对语境的把握。因此,需要将情感词典、修饰语分析和语境分析相结合,以更准确地识别和理解文本中的情感表达。

具体来说,可以首先利用情感词典识别出文本中的情感词语,并初步判断其情感倾向。然后,通过修饰语分析进一步调整和完善这些判断,考虑否定词、程度副词等对情感强度和极性的影响。最后,结合语境分析对初步结果进行验证和修正。通过深入分析词语在特定社会文化语境和情景语境中的使用方式以及句子和段落的语类结构和语域类型,可以更准确地把握文本中的情感表达方式和强度。

因此,通过结合情感词典、修饰语分析和语境分析的方法,能进一步识别和描述文本中的情感表达方式和强度。语境的复杂性和多变性使得这一工作充满挑战。探索如何更有效地利用语境信息来提高情感分析的准确性和可靠性,乃至按照系统功能语言学进行语境建模,是一个值得探讨的问题。随着自然语言处理技术的不断发展和大模型的普及,语境的模型化距离其成为智能和高效的情感分析工具和方法至少是不断趋近的,也值得深入探究。

(4)工具分析。

为了更有效地应用系统功能语言学理论进行文本分析,工具显得尤为重要。这些工具不仅能够帮助研究者识别文本中的元功能、评价性语言和互文性等核心概念,还能通过数据可视化等方式,使分析结果更加直观和易于理解。虽然目前还没有基于系统功能语言学理论的专用情感分析工具,但可以借鉴一些现有的分析工具,如情感分析工具 VADER,来辅助分析工作。

VADER(Valence Aware Dictionary and sEntiment Reasoner)作为一个基于规则的情感分析工具,在分析文本中情感的强度和极性方面表现出色,这对于理解文本中的评价性语言具有重要意义。作为一个基于 Python 开发的情感分析工具,VADER 主要利用词汇的情感倾向和规则来判定文本的情感极性。VADER 的特点在于它能够处理文本中的多种情感表达,包括正面、负面和中性情感,并且能够给出情感强度的量化评分。这使得 VADER 在情感分析领域具有广泛的应用价值。

VADER 的核心部分是一个情感词典,其中包含了大量词汇及其对应的情感倾向和强度。此外,VADER 还采用了一系列规则来处理文本中的修饰词、否定词等,以更准确地判断情感极性。通过这些机制,VADER 能够分析出文本中情感的总体倾向以及各个部分的情感强度。

借鉴 VADER 的分析方法可以初步分析文本中表达情感、态度和立场的语言成分。VADER 的情感词典可以用来识别文本中的情感词语。这些情感词语往往能够直接反映作者的情感倾向和态度。通过统计和分析这些词汇的出现频率和分布,可以初步了解文本的情感特征。VADER 的规则处理方法可以帮助分析文本中情感的复杂性和多样性。通过修饰词、否定词等的识别,借鉴 VADER 的规则处理方法,可以更准确地判断文本中情感的极性和强度,并揭示情感表达的细微差别。当然,VADER 的方法依赖有标记的语言项目,并不能直接用来进行隐式情感和复杂情感的分析。因此,在使用这个工具时,一定要结合元功能和互文性,来进一步分析评价性语言在文本中的作用。元功能包括概念功能、人际功能和篇章功能,它们共同构成了文本的意义和语境。通过分析评价性语言与这些元功能之间的关系,可以更深入地理解文本的结构和意义。同时,互文性概念强调了文本与其他文本之间的关联和引用,这对于理解评价性语言在跨文本语境中的表现具有重要意义。虽然 VADER 作为情感分析工具应用广泛,但它并不是专门为语言分析设计的工具。因此,为了更全面地应用系统功能语言学理论进行文本分析,需要在语言理论上重新开发或改进,而元功能和互文性是新工具应予考虑的最主要的指标。

在开发或改进 VADER,可结合系统功能语言学核心概念来设计算法和规则。具体来说,可以构建一个包含情感相关概念和规则的数据库,用于识别和分析文本中的元功能、评价性语言和互文性等特征。同时,还可以利用自然语言处理技术和机器学习算法来提高工具的准确性和效率。通过开发或改进系统功能语言学分析工具,可以更系统地分析文本中的评价性语言和其他系统功能语言学特征,从而揭示文本的意义和语境。这些工具不仅可以用于学术研究,还可以应用于实际的语言教学和文本分析工作中,为语言学研究和应用提供有力支持。

为了更全面地应用系统功能语言学理论进行文本分析,迫切需要开发或优化专门针对系统功能语言学理论的工具。这个新工具以下应具备的核心功能:识别和分析文本中的元功能、识别和评价文本中的评价性语言和分析文本中的互文性特征。

元功能指的是语言在使用过程中所承担的基本功能。为了全面理解文本,新分析工具首先需要能够识别和分析文本中的元功能,具体包括概念功能、人际功能和篇章功能。概念功能涉及语言对现实世界和经验的表征方式。一个优秀的情感分析工具应当能够识别文本中的实体、过程、属性和关系等概念要素,并分析它们是如何构建文本的概念内容的。通过概念功能分析,可以了解文本所描述的事物、事件以及它们之间的关系,从而揭示文本的主题和核心内容。人际功能关注语言在建立和维持人际关系以及表达说话者态度和观点方面的作用。系统功能语言学分析工具需要能够识别文本中的语气、情态和语调等人际要素,并分析它们是如何实现人际功能的。通过人际功能分析,可以了解文本中说话者与听话者之间的关系、说话者的态度和立场以及说话者试图实现的交际目的。篇章功能涉及语言在构建连贯和有意义的文本方面的作用。一个有效的系统功能语言学分析工具应当能够分析文本中的主位结构、信息结构和衔接手段等篇章要素,以揭示文本的组织结构和信息流动方式。通过篇章功能分析,可以了解文本是如何通过布局和连贯性来传达意义的,从而更深入地理解文本的整体结构和逻辑。

评价性语言是文本中表达情感、态度和立场的重要手段。为了充分揭示文本的情感色彩和立场倾向,新分析工具需要具备识别和评价文本中评价性语言的能力。其中,情感分析是识别和评价文本中情感表达的关键步骤。工具可以借鉴现有的情感分析技术,如基于词典的方法、机器学习算法等,来识别文本中的情感词汇,并判断其情感极性(积极、消极或中性)。通过情感分析,可以了解文本所表达的情感倾向和情感强度,从而揭示作者的情感态度和情感变化。态度分析涉及对文本中作者或说话者态度的识别和评估。系统功能语言学工具需要能够识别文本中表达态度的词语、短语和句子,并分析这些态度是如何通过语言手段来传达的。通过态度分析,可以了解作者对某个事物或观点的看法和立场,从而更深入地理解文本的意义和作者的意图。立场分析关注文本中作者或说话者所采取的立场和视角。系统功能语言学工具需要能够识别文本中的立场标记词、隐喻和转喻等语言手段,并分析它们是如何构建作者立场的。通过立场分析,可以了解作者在文本中所扮演的角色和所采取的视角,从而更全面地理解文本的意义和作者的意图。

互文性是系统功能语言学理论中的一个重要概念,它强调文本与其他文本之间的关联和引用。为了揭示文本与其他文本之间的互文关系,新分析工具需要具备分析文本中互文性特征的能力。文本中可能包含对其他文本的引用、借鉴或改编。新工具需要能够识别这些互文引用,并分析它们是如何与当前文本相互关联的。通过识别引用和借鉴,可以了解文本与其他文本之间的联系和影响,从而更深入地理解文本的生成背景和语境。不同文本可能围绕相同的主题或话题展开讨论。该工具可以分析文本中的主题词、关键词和话题结构,以揭示文本所属的主题领域和话题焦点。通过主题和话题分析,可以了解文本在特定领域或话题中的位置和作用,以及与其他文本的关联和差异。不同的文本类型和体裁具有不同的语言特征和结构特点。系统功能语言学工具需要能够识别和分析文本的类型和体裁,如新闻报道、文学作品、学术论文等,并分析这些特征如何影响文本的意义和表达。通过文本类型和体裁分析,可以更准确地理解文本的特点和目的,以及它在特定语境中的功能和效果。

要实现上述功能,需要结合现有的自然语言处理技术和算法,并针对语言理论的特点进行优化和改进。如前所述,可以借鉴 VADER 等情感分析工具的经验,构建针对语言理论的规则集和词典资源。这些规则可以基于语言学理论框架和概念定义,用于识别和提取文本中的元功能、评价性语言和互文性特征。同时,词典资源可以包括系统功能语言学相关术语、概念词汇和特定领域的专业词汇,以支持更精确的分析。机器学习和深度学习算法在文本分析领域已经取得了显著进展。可以利用这些算法来训练模型,使其能够自动识别和分类文本中的系统功能语言学特征。例如,可以使用监督学习算法来训练模型识别元功能、情感极性、态度立场等;同时,无监督学习算法可以用于发现文本中的主题和话题结构。将文本转换为数值向量是文本分析的关键步骤之一。可以利用词嵌入技术(如 Word2Vec、GloVe 等)将文本中的词语转换为高维向量表示,以便进行后续的分析和计算。这些向量表示可以捕捉词语之间的语义关系和上下文信息,有助于提高情感分析的准确性和效率。另外,为了方便用户理解和使用新情感分析工具,需要设计直观易用的可视化界面。通过图形化展示文本分析结果,如元功能分布图、情感极性图谱、互文性网络图等,可以帮助用户快速把握文本的主要特征和结构。同时,提供交互功能,允许用户自定义分析参数、调整分析策略,以满足不同研究需求。

为了验证新情感分析工具的有效性和实用性,可以选取一系列实际案例进行应用测试,并对结果进行评估。这些案例可以包括不同领域和类型的文本,如文学作品、新闻报道、社交媒体内容等。通过应用该分析工具对这些案例进行分析,可以得到关于文本元功能、评价性语言和互文性特征的详细报告。然后,可以将这些分析结果与人工分析结果进行对比,以评估工具的准确性和可靠性。此外,还可以邀请语言学专家和使用者提供反馈意见,以进一步优化工具的功能和界面设计。

开发或优化专门针对情感语义的工具对于全面应用语言理论进行文本分析具有重要意义。这些工具应具备识别和分析文本中的元功能、评价性语言和互文性特征的能力,以揭示文本的结构、意义和语境。通过结合现有的自然语言处理技术和算法,可以实现这些功能,并为用户提供直观易用的可视化界面。展望未来,随着自然语言处理技术的不断发展和完善,可以进一步探索将新情感分析工具与其他语言学理论和技术相结合的可能性。同时,还可以关注工具在实际应用中的效果和影响,不断优化和改进工具的性能和功能。相信在不久的将来,将拥有更加高效、精准的情感分析工具,为语言学研究和应用提供有力支持。

(5)机器学习。

系统功能语言学理论为文本分析提供了深厚的理论基础和独特的分析框架。然而,随着大数据时代的来临,传统的文本分析方法在处理海量数据时显得力不从心。为了更全面、深入地应用语言理论进行文本分析,需要结合机器学习方法,以提高情感分析的准确性和效率。

通过强调语言的功能和语境,分析文本的元功能、评价性语言和互文性特征,可以揭示文本的结构、意义和语境。而机器学习则是一种基于数据驱动的方法,通过大量标注数据的学习,能够自动识别和分类文本中的特征。这两种方法各有优势,但也存在一定的局限性。将语言理论与机器学习方法相结合,可以弥补彼此的不足,提高文本分析的准确性和效率。

利用经典的语言学方法进行情感分析虽然能够揭示文本的情感色彩,但在处理大规模文本时往往效率低下。而机器学习方法可以通过训练模型,自动识别和分类文本中的情感词汇和模式,从而快速准确地完成情感分析任务。

机器学习方法的第一步是提取文本的特征并进行表示。对于情感分析任务,可以利用词袋模型、TF-IDF 等方法提取文本中的词汇特征,或者利用词嵌入技术将词语转换为高维向量表示。这些特征表示可以作为机器学习模型的输入,用于后续的分类或回归任务。

监督学习是情感分析中常用的机器学习方法之一。通过标注一定数量的训练数据,可以训练出能够识别情感倾向的分类器。例如,可以使用支持向量机(SVM)、朴素贝叶斯(Naive Bayes)或深度学习模型(如卷积神经网络 CNN、循环神经网络 RNN 等)进行情感分类。这些模型可以从训练数据中学习到情感词汇的模式和规律,从而实现对新文本的情感倾向的自动判断。除了监督学习,无监督学习方法也可以用于情感分析。例如,可以使用聚类算法对文本进行情感聚类,将具有相似情感倾向的文本归为一类。这种方法不需要标注数据,但可能需要更多的文本数据来确保聚类的准确性。此外,还可以利用主题模型(如LDA)来发现文本中的情感主题,从而进一步揭示文本的情感内涵。

为了充分发挥系统功能语言学理论和机器学习的优势,可以构建一个结合两者的情感分析框架。该框架包括以下几个步骤:对原始文本进行预处理,包括分词、去除停用词、词性标注等。这些步骤有助于提取文本中的关键信息,为后续的分析提供便利;利用系统功能语言学理论提取文本中的元功能、评价性语言和互文性特征。这些特征可以作为机器学习模型的补充输入,以提高情感分析的准确性;将系统功能语言学特征与传统文本特征进行融合,并利用词嵌入技术将融合后的特征转换为高维向量表示。这样可以充分利用系统功能语言学理论和机器学习的优势,提高模型的表示能力;机器学习模型训练与测试:使用标注数据训练机器学习模型,并对模型进行测试和评估。通过不断调整模型的参数和结构,找到最适合当前任务的模型配置;对模型的分析结果进行可视化展示,包括情感倾向的分布、关键特征的重要性等。这有助于用户更直观地理解文本的情感内涵和结构特点。

结合系统功能语言学的机器学习方法在情感分析面临的主要挑战在于标注数据的获取和标注质量对机器学习模型的性能至关重要,因此需要投入大量的人力物力进行标注工作,并确保标注的准确性和一致性。其次,不同领域的文本具有不同的语言特点和情感表达方式,需要针对具体领域进行模型的调整和优化。此外,随着新技术的不断发展,如深度学习、迁移学习等,可以进一步探索这些技术在结合语言理论与机器学习情感分析中的应用。

结合机器学习方法可以提升系统功能语言学理论在文本分析中的准确性和效率。通过利用机器学习的自动识别和分类能力,可以更快速、更准确地识别文本中的情感倾向和评价性语言。同时,结合元功能和互文性分析,可以更深入地理解文本的结构和意义。这种结合不仅有助于推动文本分析技术的发展,还能为语言学研究提供新的视角和方法。

(6)人工分析。

在文本分析中,情感分析已成为一个不可或缺的部分。然而,仅仅依赖机器学习方法进行情感分析是远远不够的。需要运用批判性思考,深入探究情感分析的结果,特别是考虑到这些结果可能受到的社会文化因素的影响。

情感分析的结果通常是基于特定的算法和模型得出的,这些算法和模型虽然经过大量的数据训练和验证,但仍然可能存在一定的局限性和偏差。因此,需要运用批判性思考,对情感分析的结果进行深入的审视和评估。批判性思考要求从多个角度对情感分析的结果进行审视,不仅要关注模型的准确率,还要考虑模型可能存在的偏见和误差。此外,还需要考虑社会文化因素对情感分析的影响,因为语言是文化的重要载体,情感的表达和理解往往受到文化背景的制约。

社会文化因素在情感表达中起着至关重要的作用。不同的文化背景下,人们对于情感的认知和表达方式可能存在显著的差异。例如,一些文化可能更倾向于直接表达情感,而另一些文化则可能更注重含蓄和委婉。这种文化差异在文本中体现为不同的词汇选择、句式结构和修辞手法。在进行情感分析时,如果忽视了这些社会文化因素,就可能导致对情感表达的误解和误判。因此,需要运用批判性思考,深入了解文本所处的文化背景,以便更准确地把握文本中的情感倾向。情感理解是情感分析中的另一个重要环节。然而,由于社会文化因素的影响,情感理解可能存在一定的主观性和偏差。不同的读者可能因为文化背景的不同而对同一文本产生不同的情感理解。在进行情感分析时,需要意识到情感理解的主观性和多样性,并运用批判性思考来审视自己的情感理解是否受到了社会文化因素的影响。同时,还需要尝试从多个文化角度来解读文本,以更全面地理解文本中的情感内涵。

为了更好地结合社会文化因素进行批判性情感分析,可以采取以下策略:

深入了解文本所处的文化背景。在进行情感分析之前,需要对文本所处的文化环境进行充分的了解和研究,包括该文化的价值观、信仰、习俗等方面。这有助于更准确地把握文本中的情感表达和理解。

多角度审视情感分析结果。需要从多个角度对情感分析的结果进行审视和评估,包括模型的准确率、社会文化因素的影响等。同时,还可以邀请具有不同文化背景的读者对文本进行解读,以获得更全面的情感理解。

反思和调整分析方法。在进行情感分析的过程中,需要不断反思和调整自己的分析方法,以确保分析结果的准确性和客观性。当发现分析结果与社会文化因素存在明显的不符时,需要重新审视自己的分析方法,并尝试调整参数或引入新的特征来改进模型。

为了更好地说明批判性思考在情感分析中的应用以及社会文化因素的影响,可以选取一些具体的案例进行分析。这些案例可以来自不同的文化背景和领域,如文学作品、新闻报道、社交媒体内容等。通过对这些案例的深入剖析,可以更直观地理解社会文化因素如何影响情感的表达和理解,以及如何进行批判性情感分析。

批判性思考在情感分析中具有重要的应用价值。通过运用批判性思考,可以更深入地理解情感分析的结果,特别是考虑到社会文化因素的影响。在未来的研究中,应进一步探索如何将社会文化因素更好地融入情感分析模型中,以提高分析的准确性和客观性。同时,还应加强对不同文化背景下情感表达和理解的研究,以推动跨文化情感分析的发展。总之,批判性思考在情感分析中发挥着不可或缺的作用。通过结合社会文化因素进行批判性情感分析,可以更全面地理解文本中的情感内涵,为语言学研究和应用提供更有价值的参考。

总的来说,通过上述方法,可以更准确地区分情感的极性和强度。这种方法不仅关注单个词语的情感色彩,而且考虑到整个句子甚至段落的语境和结构,从而提供更为全面和深入的情感分析。

综合以上观点,在情感分析领域,对于文本情感极性和强度的准确判断一直是研究的重要方向。传统的情感分析往往依赖于对单个词语或短语的情感标注,这种方法虽然简单易行,但往往忽视了语境和结构对情感表达的影响,导致分析结果存在偏差。为了更准确地区分情感的极性和强度,结合机器学习方法,以更全面和深入的方式对文本情感进行分析。系统功能语言学理论提供了深入探究文本结构和语境的工具。通过语言学分析框架,可以理解文本中词汇、语法和篇章结构如何共同构建情感意义。这种分析不仅关注单个词语的情感色彩,还考虑到整个句子甚至段落的语境和结构,从而提供更全面和深入的情感分析视角。机器学习方法则提供了自动化处理和分析大规模数据的能力。通过训练模型,机器学习方法可以自动识别和分类文本中的情感特征,从而实现对情感极性和强度的快速判断。通过结合机器学习方法与系统功能语言学理论构建的情感分析方法,不仅关注单个词语的情感色彩,还考虑到整个句子甚至段落的语境和结构,从而提供更全面和深入的情感分析。同时,批判性思考在情感分析中也扮演着至关重要的角色,它帮助深入理解分析结果,并考虑到社会文化因素的影响。通过不断优化和改进这种方法,有望为情感分析领域带来更准确、更深入的分析结果。

6.2 细微情感的识别

系统功能语言学强调语言不仅仅是一种交流的工具,更是一种社会资源和文化现象,其核心在于语言如何在特定的语境中实现其功能,包括表达情感。系统功能语言学强调语言的系统性,它认为语言是一个复杂且相互关联的系统,其中每个部分都与其他部分相互作用。这种系统性使得系统功能语言学能够分析语言中的细微差异,包括情感的微妙变化。当然,情感的表达和理解是一个复杂的过程,它受到多种因素的影响,包括文化背景、个体差异和语境变化等。这些因素使得情感的捕捉和分析变得异常复杂,如何准确地理解和解释这些情感差异仍然是一个难题。同时,系统功能语言学的分析方法通常需要专业的语言学知识和经验。对于非专业人士来说,理解和应用系统功能语言学可能存在一定的困难。这也限制了系统功能语言学在情感分析领域的广泛应用。为了克服这一挑战,需要进一步简化系统功能语言学的分析方法,使其更易于理解和应用。为了充分发挥其在情感分析领域的潜力,需要不断完善其分析方法,简化其应用过程,并结合新的技术手段进行创新。只有这样,才能更好地理解和分析语言中的情感细微差异,推动情感分析领域的发展。

在情感分析领域,系统功能语言学的应用尤其引人瞩目,其在捕捉细微情感差异方面的能力得到了广泛认可。语境敏感性是系统功能语言学在情感分析中的一项重要能力,它强调语言的意义不仅来源于词汇和语法结构,还包括说话者的意图和话语发生的社交情境。这种对语境的深入关注使得系统功能语言学能够更准确地识别和理解情感的细微变化。

语境敏感性指的是语言的意义和功能受到说话者意图和社交情境的影响。情感本身是一种主观体验,它往往受到个人经历、文化背景和社交环境等多种因素的影响。因此,要准确捕捉和理解情感的细微差异,就必须充分考虑语境的作用。

语言是一种社会交往的资源,它不仅仅是一种表达思想的工具,更是一种实现社会功能和构建人际关系的重要手段。在特定的语境中,说话者会选择特定的词汇、语法结构和篇章组织来表达自己的意图和情感。而这些选择又受到社交情境、文化背景和个人经历等多种因素的影响。因此,要准确理解语言中的情感意义,就必须深入分析这些选择背后的语境因素。

在系统功能语言学中,词汇的选择被视为一种社会交往的行为,它受到语境的制约和影响。不同的语境下,人们会选择不同的词语来表达相同的情感。例如,在正式场合中,人们可能更倾向于使用正式、客观的词汇来描述情感;而在非正式场合中,则可能使用更加随意、生动的词汇。此外,文化背景也会对词汇选择产生影响。不同的文化对于情感的表达方式和词汇选择有着不同的偏好和习惯。因此,在情感分析中,要充分考虑词汇选择的语境敏感性,才能更准确地理解情感的意义。

除了词汇选择外,语法结构也是表达情感的重要手段之一。系统功能语言学认为,语法结构的选择同样受到语境的影响。不同的语法结构可以传达不同的情感信息。例如,主动语态和被动语态的选择、时态的使用以及句子的长短和复杂性等都会对情感的表达产生影响。因此,在情感分析中,要深入分析语法结构的语境敏感性,才能更准确地把握情感的变化和细微差异。

篇章组织是语言交际中的高级结构,它涉及话语的整体布局和逻辑关系。在情感分析中,篇章组织的语境敏感性同样不可忽视。不同的篇章组织方式可以传达不同的情感信息和交际意图。例如,通过对比和转折等修辞手法来强调情感的对比和变化;通过叙述和描写等手法来营造情感氛围和表达情感体验。这些篇章组织方式的选择都受到语境的制约和影响。因此,在情感分析中,要关注篇章组织的语境敏感性,以更全面地理解情感的意义和功能。

为了更具体地说明系统功能语言学在捕捉细微情感差异方面的能力,可以结合一些实际案例进行分析。例如,在文学作品中,作者常常通过精心选择的词汇、语法结构和篇章组织来表达复杂的情感状态。系统功能语言学的分析方法可以帮助深入理解这些选择背后的语境因素,从而更准确地把握作品的情感内涵。又如,在社交媒体上,人们通过文字和表情符号来传达情感信息。系统功能语言学的语境敏感性可以帮助识别和理解这些简短文本背后的情感细微变化,从而更好地理解用户的情感状态和交际意图。

捕捉细微情感差异方面仍然需要进一步深入探讨。语境的复杂性和多变性使得准确理解语言中的情感意义变得困难。为了克服这一挑战,可以进一步深入研究语境的构成和影响因素,以提高对语境的敏感性和分析能力。其次,随着大数据和人工智能技术的发展,情感分析领域也出现了许多新的方法和工具。如何在新的技术背景下发挥系统功能语言学的优势并与其他方法进行有效结合也是一个值得探讨的问题。

因此,通过深入分析词汇选择、语法结构和篇章组织的语境,可以更准确地理解语言中的情感意义和功能。然而,也需要认识到系统功能语言学在情感分析中所面临的挑战和限制,并不断探索新的方法和工具来提高分析的准确性和效率。相信随着研究的深入和技术的发展,系统功能语言学将在情感分析领域发挥更大的作用。

除了语境敏感性,评价理论是情感分析领域中的一个重要工具,它为提供了一种深入理解和分析文本中评价性语言的方法。评价理论关注文本中表达情感态度、立场和观点的词汇、语法结构和篇章组织,从而揭示出说话者或作者对于特定主题或事件的评价和态度。在捕捉细微情感差异方面,评价理论发挥着至关重要的作用。

评价理论的核心在于对评价性语言的识别和分析。它认为语言中充满了表达情感、态度和立场的资源,这些资源通过特定的词汇、语法结构和篇章组织得以实现。评价理论将评价性语言分为三大类型:情感(Affect)、判断(Judgement)和鉴赏(Appreciation)。情感关注的是个人的感情和情绪,判断是对人的行为和性格的评价,而鉴赏则是对事物、过程和自然现象的价值和质量的评价。这三大类型构成了评价理论的基本框架,为分析文本中的评价性语言提供了有力的工具。

情感资源是评价理论中最直接表达情感态度的语言资源。通过分析文本中的情感词汇和表达方式,可以揭示出说话者或作者对于特定事件或主题的情感倾向和态度。例如,积极情感词汇如"高兴""喜悦"等表达了正面的情感态度,而消极情感词汇如"悲伤""愤怒"等则表达了负面的情感态度。通过对这些情感资源的深入分析,可以捕捉到文本中情感的细微差异,进一步理解说话者或作者的情感状态和立场。

此外,评价理论还关注情感表达的强度和极性。通过分析情感词汇的强度和极性变化,可以揭示出情感的波动和变化。例如,使用强烈的情感词汇或强调句式可以表达更为强烈的情感,而使用缓和或模糊的词汇则可能表达较为温和或不确定的情感。这种对情感强度和极性的分析有助于更全面地把握文本中的情感信息。

除了情感资源外,判断和鉴赏资源也是评价理论中的重要组成部分。判断资源关注对人的行为和性格的评价,而鉴赏资源则关注对事物、过程和自然现象的价值和质量的评价。通过对这些资源的挖掘和分析,可以进一步揭示出说话者或作者对于特定主题或事件的立场和观点。

例如,在新闻报道中,作者可能通过对特定人物的行为或性格的判断来表达自己的立场和态度。同样,在文学作品中,作者可能通过对景物或物品的鉴赏来表达自己的情感和观点。通过深入分析这些判断和鉴赏资源,可以更深入地理解文本中的评价性语言,进一步揭示说话者或作者的立场和态度。

评价理论在捕捉细微情感差异方面具有显著的优势。首先,它提供了一套系统的分析框架,使能够有目的地寻找和分析文本中的评价性语言。其次,评价理论关注语言的细微差异,包括词汇选择、句式结构等方面,从而能够揭示出更为复杂和细致的情感态度。此外,评价理论还关注情感的强度和极性变化,使能够更全面地把握文本中的情感信息。然而,评价理论在捕捉细微情感差异方面也面临着一些挑战。首先,评价性语言的识别和分析需要一定的专业知识和经验,对于非专业人士来说可能存在一定的难度。其次,语言的多样性和复杂性使得评价性语言的识别和分析具有一定的主观性和不确定性。最后,随着大数据和人工智能技术的发展,如何处理和分析大规模文本中的评价性语言也是一个亟待解决的问题。

如第 2 章所述,评价理论对于显性情感的分析,显示出巨大的解释力。但是其本质上仍太依赖词汇和有标记的语言项,所以在分析复杂情感和隐式情感上面有所不足。应用评价理论进行情感分析,还需要在实践中进行设计和延展,比如,进一步拓展评价理论的应用范围,将其应用于更多类型的文本和领域,如社交媒体、广告、新闻报道等。其次,可以结合机器学习等技术手段,开发自动化的评价性语言分析工具,提高分析的效率和准确性。此外,还可以进一步深入研究评价性语言与社会文化因素的关系,以更全面地理解评价性语言的本质和功能。

语境、评价之外,互文性也是一种独特而深入的视角。通过考察文本与其他文本之间的关系,帮助理解情感表达的来源和目的,从而捕捉到情感的微妙差异。

互文性分析是系统功能语言学中一个重要的概念,它关注的是文本如何与其他文本产生联系和互动。在情感表达中,互文性分析能够帮助理解情感产生的背景和来源。文本中的情感并非孤立存在,而是受到社会文化背景、历史传统、其他文本等多种因素的影响。通过互文性分析,可以揭示出文本中情感表达的深层次结构和社会文化内涵。例如,在文学作品中,作者往往通过引用、改写或模仿其他文本来表达特定的情感。这些引用或模仿不仅是对其他文本的致敬或批判,更是作者情感表达的一种方式。通过互文性分析,可以追踪这些情感表达的来源,理解作者如何在与其他文本的互动中构建自己的情感世界。

除了揭示情感表达的来源,互文性分析还能够帮助理解情感表达的目的。文本中的情感表达往往具有特定的交际意图和目的,如说服、劝导、娱乐等。通过互文性分析,可以分析文本如何与其他文本在情感和意图上产生共鸣或差异,从而揭示出情感表达背后的深层目的。在广告文本中,互文性分析尤为重要。广告商往往通过与其他文本的关联和对比来构建自己的品牌形象和情感诉求。例如,通过引用经典电影台词或流行歌曲歌词,广告商能够唤起消费者的共鸣和情感认同,从而增强广告的感染力和说服力。通过互文性分析,可以揭示广告文本中情感表达的深层策略和目的,为消费者提供更加明智的决策依据。

在捕捉细微情感差异方面,互文性分析发挥着关键作用。由于文本与其他文本之间的关联和互动,情感表达往往呈现出丰富而微妙的差异。通过互文性分析,可以更加细致地理解这些差异,揭示出文本中情感的独特性和复杂性。例如,在社交媒体文本中,用户常常通过转发、评论或引用其他用户的帖子来表达自己的情感和立场。这些互动不仅反映了用户之间的情感共鸣或分歧,还揭示了不同文化和社会背景下情感表达的微妙差异。通过互文性分析,可以比较不同文本之间的情感表达方式和策略,从而更加深入地理解这些差异及其背后的社会文化因素。

需要指出的是,互文性关系的识别和分析需要深厚的语言和文化素养,对分析者的要求较高,对人工识别的依赖也使如何高效地处理和分析大规模文本数据成了一个亟待解决的问题。鉴于互文性也是其他语言学理论的重要话题,而本书的一个主要的模型设计主张就是坚持动态、多元和开放,所以这样的问题,可以从内外两方面得到解决。一是进一步拓展互文性分析的应用范围,将其应用于更多类型的文本和领域。同时,还可以结合其他语言学理论和方法,如认知语言学、语用学等,共同构建一个更加全面和深入的情感分析框架。二是关注互文性分析在社会文化变迁中的影响和作用,探讨不同文化和社会背景下情感表达的差异和共性。

在捕捉细微情感差异方面,元功能(如概念功能、人际功能和语篇功能)分析也具有巨大的潜力。元功能分析不仅从多个角度审视语言,还能够揭示情感表达的复杂性和层次性。

概念功能关注的是语言如何描述和构建现实世界的经验。在情感分析中,概念功能分析帮助理解文本中如何通过词汇选择和语法结构来表达情感。例如,不同的词语和表达方式可以传达不同的情感色彩,而语法结构则可以揭示情感的强度和极性。通过分析文本中的概念功能,可以捕捉到作者或说话者如何通过对现实世界的描述来传达特定的情感。人际功能关注的是语言如何建立和维持人际关系,以及如何表达说话者的意图和态度。在情感分析中,人际功能分析帮助理解文本中如何通过语气、情态和语调等交际手段来表达情感。例如,不同的语气和情态可以传达不同的情感态度和立场,而语调的变化则可以表达情感的起伏和波动。通过分析文本中的交际功能,可以揭示出作者或说话者如何通过与读者的互动来传达情感,并进一步理解情感表达的意图和目的。语篇功能关注的是语言在特定语境中的使用,以及如何通过组织语言来实现特定的交际目标。在情感分析中,语篇功能分析帮助理解文本中情感表达的结构和逻辑。通过分析文本中的句子结构、段落安排和篇章组织,可以揭示出情感表达的层次性和连贯性,以及作者或说话者如何通过话语结构来构建情感世界。

通过元功能分析,情感表达的复杂性和层次性能得到充分考量,从而捕捉到细微的情感差异。不同的元功能在情感表达中发挥着不同的作用,它们相互补充、相互支持,共同构建了文本的情感结构。通过深入分析这些功能的层次关系,可以揭示出情感表达的内在逻辑和复杂性,进一步理解情感的深度和广度。通过比较不同文本在元功能上的表现,可以发现它们在情感表达上的差异和相似之处。这些差异可能体现在词汇选择、语法结构、语气情态等方面,它们共同构成了文本独特的情感色彩和风格。通过捕捉这些细微差异,可以更加深入地理解作者或说话者的情感状态和立场,进一步揭示文本的情感内涵。

元功能分析在捕捉细微情感差异方面具有显著优势,它提供了一种全面的视角,使能够从多个角度审视文本中的情感表达;它揭示了情感表达的复杂性和层次性,有助于深入理解情感的内在逻辑和结构;它通过比较不同文本在元功能上的表现,帮助捕捉到细微的情感差异,进一步揭示文本的情感特色。

系统功能语言学以其独特的理论框架和视角,为深入理解语言中的情感表达提供了有力的工具。然而,尽管系统功能语言学在捕捉细微情感差异方面展现出了强大的能力,但在实际应用中也面临着一些挑战。这些挑战不仅涉及理论层面的复杂性,也涉及技术实现的难度。首先,自动化分析的局限性是系统功能语言学在捕捉细微情感差异时面临的一个重要挑战。虽然系统功能语言学提供了深入分析语言的工具和方法,但将其应用于自动化情感分析时可能会遇到困难。现有的计算模型往往无法完全捕捉到系统功能语言学理论中的细微差异和复杂性,导致分析结果可能不够准确或全面。此外,自动化分析还面临着数据稀疏性和不平衡性的问题,特别是在处理非标准语言或特定领域的文本时,这些问题可能更加突出。其次,模型的改进空间也是系统功能语言学在捕捉细微情感差异方面需要面对的挑战之一。尽管系统功能语言学理论本身已经相当成熟和完善,但在实际应用中,仍然需要不断探索和改进模型以适应不同的任务和数据。在细粒度的情感分类任务中,系统功能语言学模型可能需要更深入地考虑语境、评价性语言等因素,以便更准确地捕捉细微的情感差异。此外,结合其他模型和技术,如深度学习、自然语言处理等,也是提高系统功能语言学模型性能的重要途径。此外,情感表达的主观性和复杂性也是系统功能语言学在捕捉细微情感差异时面临的一大挑战。情感是人类内心世界的一种主观体验,不同的人对于同一件事物或情境可能会有不同的情感反应。因此,即使是经过训练的人类分析者,在解读和评估情感表达时也可能会存在主观性和不一致性。这种主观性和复杂性使得任何试图精确捕捉情感细微差异的理论或模型都面临着巨大的挑战。

因此,在设计情感分析模型及对分析结果进行解释时,需要采取较为灵活的策略,并保持谨慎的态度。同时,要探索加强系统功能语言学理论与计算模型的结合,探索更加有效的自动化分析方法。这包括利用先进的机器学习算法和深度学习技术来提取和表示语言中的情感信息,以及开发针对特定任务和数据的定制化模型。要进一步拓展系统功能语言学理论的应用范围,将其与其他语言学理论和心理学理论相结合,以更全面地理解情感表达的复杂性和多样性。例如,可以借鉴认知语言学和心理学中关于情感产生和表达的研究成果,来丰富和完善系统功能语言学理论中关于情感表达的分析框架。还可以加强跨学科的合作与交流,借鉴其他领域在情感分析方面的成功经验和技术手段。通过与其他学科的合作,可以共同攻克系统功能语言学在捕捉细微情感差异方面遇到的难题,推动情感分析领域的发展。最后,需要认识到情感分析的局限性,并谨慎对待分析结果。由于情感表达的主观性和复杂性,任何情感分析模型都不可能完全准确地捕捉每个人的情感细微差异。因此,在使用系统功能语言学或其他理论进行情感分析时,应该保持谨慎和客观的态度,结合实际情况对分析结果进行合理解读和应用。

6.3　正面情感

正面情感是指人们在特定情境下体验到的积极情绪,它通常与愉悦、幸福、满足、兴奋等感觉相关联。在情感分析领域,正面情感被认为是推动个体参与活动、促进身心健康和社会交往的重要动力,从量化工具角度,也就是情感极值趋近于+1 的情感。在系统功能语言学的框架下,正面情感可以通过语言的人际功能来表达,例如使用积极的评价词汇、情态表达和语气等。正面情感的语言特征可能包括:积极评价词汇如"优秀""成功""幸福"等;表示程度或强度的词汇如"非常""极其""充分"等;表达确定性的词汇如"可以""将会""确实"等。在情感分析中,识别正面感是理解和评估个体或群体情绪状态的重要方面。正面情感不仅对个人的心理健康和生活质量有积极影响,而且在工作、学习和社交等各个领域都能促进积极的行为和结果。

系统功能语言学为基础的情感分析中,预处理包含正面情感的语料通常涉及以下步骤:

1)明确分析目标。这涉及确定研究者从语料中识别和分析的正面情感表达的具体类型。正面情感是一个广泛的概念,可以包括多种不同的情感状态,如满意度、喜悦、赞赏、兴奋等。因此,在开始分析之前,需要明确您要关注的具体情感类型,以便在后续的步骤中有针对性地进行分析和解读。具体的内容包括仔细审视语料内容,了解其中可能出现的正面情感表达形式;根据研究目的或实际需求,确定要分析的情感类型及其重要性;查阅相关文献或参考资料,了解已有研究中对于正面情感表达的描述和分析方法,以便为自己的分析提供借鉴和依据。

2)选择合适框架。选择合适的理论框架对于深入分析包含正面情感的语料至关重要。在系统功能语言学的框架下,有多种理论工具可供选择,以便更好地捕捉和分析正面情感表达。其中,评价理论作为一个专门关注语言中的评价性表达和立场的理论框架,尤其适用于正面情感的分析。如第 2 章所述,评价理论旨在探讨语言如何用于表达说话者或作者对人物、事件、现象等的态度和立场。该理论将评价性语言分为三个主要方面:态度、介入和级差。态度是评价理论的核心,涉及情感、判断和鉴赏三个子系统,分别关注情感反应、道德判断和美学价值。介入则关注说话者如何调节其与所表达观点之间的关系,而级差则涉及评价的强度和明确度。

评价理论能够系统地识别和分析语料中的评价性词语、短语和句子,从而揭示出正面情感的表达方式。通过对态度、介入和级差等维度的细致分析,可以深入了解正面情感的构成和特征。其次,评价理论关注语言使用的社会文化背景,有助于理解正面情感表达在特定语境下的意义和功能。通过结合语境因素,可以揭示正面情感表达与社会文化规范、交际目的和人际关系之间的联系。此外,评价理论还具有跨语言适用性,可以应用于不同语言的正面情感分析。这有助于比较不同语言在表达正面情感时的异同,进一步拓展的跨文化理解。

在实际应用中,评级理论仍需结合具体语料进行灵活调整。不同的语料可能具有不同的特点和难点,需要针对性地选择合适的分析方法和工具。同时,对于评价理论本身的局限性也应有所认识,如对某些复杂情感表达的处理可能不够精细等。总而言之,在系统功能语言学框架下选择评价理论作为分析正面情感的理论框架是一种可行且有效的方法。通过运用评价理论的相关概念和工具,可以更深入地理解和解读语料中的正面情感表达,为情感分析领域的研究提供有益的参考和启示。

3)文本细读。文本细读是借自文学批评的方法,在语言学中,文本细读指的是按照一定的理论框架,对目的文本进行全方位的理论解读和细节识别。因此,进行文本细读是应用系统功能语言学理论和方法分析包含正面情感的语料的核心步骤。在这一阶段,将使用系统功能语言学的工具,特别是评价理论框架,对文本进行逐句甚至逐词的读解,以揭示正面情感的表达方式和功能。同时,还将利用标注软件来识别并标注文本中的正面情感词汇,这有助于更深入地理解正面情感在文本中的具体表现。

将依据系统功能语言学的元功能分析框架,对文本进行细读。元功能分析包括概念功能、人际功能和语篇功能三个主要方面。在概念功能分析中,将关注文本中描述实体、事件和属性的词汇和句式结构,以揭示正面情感是如何通过概念意义来表达的。例如,通过分析描述人物特征或事件结果的词汇,可以发现文本中对于积极、正面特征的强调和突出,从而揭示出正面情感的表达。在人际功能分析中,将关注文本中表达作者立场、态度和情感的语言资源。这包括语气、情态和人称代词等的使用情况。通过分析这些语言资源,可以理解作者如何通过语言手段与读者建立情感联系,传达正面情感。例如,通过分析文本中的感叹句或强调结构,可以发现作者对正面情感的强调和突出,从而进一步理解正面情感在交际功能中的作用。在语篇功能分析中,将关注文本中信息结构和衔接手段的运用。信息结构涉及主位和述位的选择,而衔接手段则包括词汇衔接和语法衔接等。通过分析这些信息结构和衔接手段,可以揭示文本中正面情感表达的连贯性和逻辑性。例如,通过分析文本中正面情感词汇的重复或词汇链的使用,可以发现正面情感在文本中的连贯性和一致性。通过仔细分析文本中的词汇选择和句式结构,可以识别出表达正面情感的词汇和句式,并理解它们在文本中的具体功能和作用。

为了更好地理解正面情感在文本中的表现,还将利用标注软件来识别并标注文本中的正面情感词汇。标注软件可以帮助快速准确地识别出文本中的情感词汇,并对其进行分类和标注。通过标注正面情感词、程度副词以及否定词等的使用情况,可以更深入地理解正面情感在文本中的分布和变化。例如,通过分析程度副词的使用情况,可以发现正面情感的强度和变化;通过分析否定词的使用情况,可以理解正面情感在文本中的转折和对比。

进行细致的文本读解是揭示正面情感表达方式和功能的关键步骤。通过运用系统功能语言学的工具和评价理论框架,可以对文本进行逐句甚至逐词的分析,并利用标注软件识别并标注正面情感词汇。这将有助于更深入地理解正面情感在文本中的具体表现,为情感分析领域的研究提供有益的参考和启示。当然,文本分析是一项复杂而烦琐的任务,需要研究者具备扎实的语言学功底和敏锐的洞察力。同时,由于语言具有多样性和灵活性,正面情感的表达方式可能因语境和文体的不同而有所差异。因此,在进行文本细读时,需要结合具体语料的特点和背景知识,灵活运用系统功能语言学的理论方法和评价理论框架,以确保分析的准确性和可靠性。

此外,随着大模型的日益普及,"Kimi"和"智谱清言"为代表的 AI 工具纷纷开放了长文档解读的适用,这使得文本细读的效率得到提高,其准确性也因为人机耦合和人机互参大幅提高,情感分析的效率也得到大幅提升,对文本进行解读、预处理和自动标注可以减轻研究者的工作负担,并提高分析的客观性。同时,通过构建情感词典或利用机器学习算法对文本进行情感分析,可以更快速地识别和提取正面情感信息,为文本分析提供更多有力的支持。

通过综合运用系统功能语言学的工具和评价理论框架,结合文本细读,可以深入理解正面情感在文本中的表达方式和功能,为情感分析领域的研究提供有益的参考和启示。同时,借助计算机辅助工具和先进的技术手段,可以提高文本分析的效率和准确性,推动情感分析领域的发展和创新。

4)语境解读。语境因素在系统功能语言学中占据着举足轻重的地位。当对包含正面情感的文本进行深入分析时,必须充分考虑文本产生的情景语境和文化语境,因为这些因素在很大程度上影响着正面情感的表达和理解。情景语境主要涉及文本产生的具体环境,如时间、地点、参与者及其角色关系等;而文化语境则更为宽泛,涵盖了社会规范、价值观念、历史传统等深层次的文化因素。

在情景语境方面,需要关注文本产生的具体场景和条件。例如,一篇描述庆祝活动的文本中,正面情感可能通过欢快的词语、热烈的语气和生动的描绘得以体现。此时,要注意分析这些语言特征与庆祝活动的具体场景是如何相互呼应的。同样,在不同的社交场合中,正面情感的表达方式也可能有所不同。在正式的商务场合,正面情感可能更多地通过礼貌、得体的语言来表达;而在亲密的私人场合,则可能更加直接和热烈。

文化语境对正面情感表达的影响同样不容忽视。不同的文化背景下,人们对正面情感的认知和表达方式可能存在显著差异。例如,在一些文化中,强调个人成就和成功可能被视为正面情感的典型表现;而在其他文化中,可能更加注重集体荣誉和和谐氛围。因此,在分析文本时,需要结合具体的文化背景来解读其中的正面情感表达。

此外,文化语境还涉及不同文化间的交流和理解问题。在跨文化交流中,由于文化差异的存在,正面情感的表达和理解可能产生误解或偏差。因此,需要增强跨文化意识,尊重并理解不同文化背景下的情感表达方式。为了更好地揭示语境因素对正面情感表达的影响,可以采用多种分析方法。首先,可以通过对比分析不同语境下的文本,观察正面情感表达方式的差异和变化。其次,可以运用问卷调查、访谈等实证研究方法,了解不同文化背景下人们对正面情感的认知和表达方式。此外,还可以结合历史文献和社会调查资料,深入探讨文化因素对正面情感表达的影响机制。在分析过程中,还需要注意语境的动态性和变化性。语境因素并非一成不变,它们可能随着时间和情境的变化而发生变化。因此,需要保持敏锐的洞察力,及时捕捉语境因素的变化,并调整分析策略和方法。对于语境因素的深入理解和分析不仅有助于提高的文本分析能力,更有助于提升的跨文化交际能力。通过对比分析不同文化背景下的语境因素,可以更好地理解和适应不同的交际环境,减少文化冲突和误解。

最后,需要强调的是,语境因素的分析并非一蹴而就的过程,而是需要在实践中不断摸索和积累的过程。需要结合具体的文本和语境,灵活运用系统功能语言学的理论和方法,逐步提高对语境因素的分析能力和水平。

5)综合分析。对于正面情感的综合分析对于全面理解语料中正面情感表达的整体面貌至关重要。通过将之前对文本细致分析的结果进行综合,能够形成对整个语料库中正面情感表达的全面认识。这一认识不仅涵盖了正面情感的分布和频率,还深入探讨了它们与特定话题或情境的关联。

关于正面情感的分布和频率,综合分析可以帮助识别出哪些词语、短语或句式结构在表达正面情感时具有较高的出现率。这些高频出现的语言资源往往构成了语料库中正面情感表达的核心要素。通过统计和分析这些要素的分布和频率,可以得出语料库中正面情感表达的整体趋势和特点。对于正面情感与特定话题或情境的关联,综合分析能够揭示出不同话题或情境下正面情感表达的差异和共性。例如,在某些话题领域,如庆祝活动、成功经历或美好回忆中,正面情感的表达可能更加突出和集中。而在其他话题领域,如挑战、困难或争议话题中,正面情感的表达可能相对较少或呈现出不同的特点。通过对比不同话题或情境下的正面情感表达,可以深入理解正面情感在不同语境中的适应性和变化性。

在综合分析的过程中,还可以进一步探讨正面情感表达背后的社会文化因素。正面情感的表达往往受到社会文化规范的制约和影响,不同的文化背景和价值观可能导致人们对正面情感的认知和表达存在差异。因此,通过综合分析语料库中的正面情感表达,可以揭示出社会文化因素对正面情感表达的影响,并进一步深化对正面情感表达的理解。

此外,综合分析还可以帮助评估正面情感表达的效果和影响。通过对语料库中正面情感表达的细致分析,可以了解这些表达是如何影响读者的情感态度和认知判断的。正面情感的表达可能激发读者的积极情绪,增强他们对文本内容的认同和共鸣;或者通过塑造积极的形象和氛围,提升文本的说服力和感染力。通过评估正面情感表达的效果,可以为文本创作和情感传达提供有益的参考和启示。

由于综合分析经常被用于语言计量,在形成对整个语料库中正面情感表达的整体认识时,必须注意其局限性,以免得出与语言事实不符的结论。首先,语料库的规模和代表性可能影响综合分析结果的准确性和可靠性。如果语料库规模较小或样本不够多样化,可能导致分析结果存在一定的偏差。因此,在选择语料库时,应确保其具有足够的代表性和广泛性。其次,正面情感表达的复杂性和多样性也可能给综合分析带来挑战。正面情感表达可能涉及多种语言资源和表达方式,有时难以用单一的指标或维度进行衡量。因此,在综合分析时,应始终要注意确保分析结果的全面性和准确性。

通过将细致分析的结果进行综合,能够形成对正面情感分布、频率以及与特定话题或情境关联的全面认识。这一认识不仅有助于深入理解正面情感表达的特点和规律,还为文本创作和情感传达提供了有益的参考和启示。然而,在分析过程中,需要注意语料库的规模和代表性以及正面情感表达的复杂性和多样性等因素对分析结果的影响。通过不断完善分析方法和提高分析水平,可以更好地揭示正面情感表达的本质和内涵,推动情感分析领域的发展和创新。

6)CDA 介入。批评话语分析(Critical Discourse Analysis,CDA)也是建立在系统功能语言学理论框架上的话语研究方法,是分析隐式情感和复杂情感的利器。对深入分析正面情感表达时也具有至关重要的作用。结合批评话语分析的视角,不仅可以对文本中的正面情感表达进行表面层次的分析,更能够深入挖掘其背后的意图、社会效果以及所反映的更深层次的社会意义和权力关系。

批评话语分析强调对文本中话语与社会结构、权力关系之间的紧密联系进行探究。在正面情感表达的背后,往往隐藏着特定的社会意图和动机。例如,在商业广告中,正面情感的表达往往旨在吸引消费者、塑造品牌形象并促进产品销售。政治演讲中的正面情感表达则可能用于凝聚民心、宣扬政策并塑造领导者的正面形象。通过对这些背后的意图进行批判性思考,能够更深入地理解正面情感表达是如何被用作社会操控和权力运作的工具。

正面情感表达的社会效果也是批判性思考的重要方面。正面情感往往能够激发人们的共鸣和认同感,从而在社会中产生广泛的影响。然而,这种影响并不总是积极的。有时,过度强调正面情感可能掩盖了问题的真实性和复杂性,导致社会对于某些问题的忽视或误解。此外,正面情感的滥用也可能导致虚假宣传、误导公众等不良后果。因此,需要对正面情感表达的社会效果进行审慎评估,避免其被滥用或误导。

批评话语分析还关注文本中话语与社会文化背景的互动关系。正面情感表达在不同的社会文化背景中可能具有不同的含义和解释。例如,在某些文化中,强调个人成就和成功可能被视为正面情感的典型表现;而在其他文化中,集体荣誉和和谐氛围可能更为重要。因此,在进行批判性思考时,需要充分考虑文本所处的社会文化背景,以避免对正面情感表达进行片面或错误的解读。

在进行批判性思考时,还需要关注正面情感表达与权力关系之间的联系。话语往往是权力运作的媒介,正面情感表达也不例外。通过运用正面情感词汇和句式结构,某些社会群体或个体可能试图在话语中占据主导地位,塑造对自己有利的形象和观点。这种权力运作往往是不易被察觉的,但通过批判性思考,能够揭示其中的权力关系和操控机制。

需要指出的是,批评话语分析,并不是对正面情感表达的否定或贬低,而是对其进行全面、深入的审视和理解。正面情感表达作为人类情感表达的一种方式,具有其独特的价值和意义。然而,在分析和解读正面情感表达时,需要保持警惕和批判性,避免被其表面的华丽和诱惑所蒙蔽。

结合批评话语分析的视角对正面情感表达进行批判性思考,有助于揭示其背后的意图、社会效果以及所反映的更深层次的社会意义和权力关系。这种深入思考不仅能够提升对正面情感表达的理解和分析能力,更有助于在现实生活中保持清醒的头脑和独立的判断力。

总的来说,利用系统功能语言学的理论和方法来全面而深入地分析和理解包含正面情感的语料不仅仅停留在文本表面的情感色彩上,更能够深入探讨情感表达背后的社会文化动因和影响,从而为提供更全面、更深刻的认识。通过对语境因素的深入分析,能够更好地理解正面情感表达在特定情景和文化背景下的适应性和变化性。对正面情感表达的语言特征进行文本细读,有助于把握其独特的表达方式和效果。正面情感表达通常涉及特定的词语、短语、句式结构以及语音韵律等方面。通过统计和分析这些语言特征的出现频率和分布情况,可以揭示出正面情感表达在语料库中的整体面貌和趋势。同时,还可以结合具体的文本实例,深入探讨这些语言特征是如何共同构建和传达正面情感的。这种分析不仅有助于理解正面情感表达的语言机制,还能够为提供有效的情感分析工具和方法。通过对比分析和功能解释,也可以进一步揭示正面情感表达在特定语境中的功能和效果。对比分析可以帮助发现不同语境下正面情感表达的差异和相似之处,从而揭示其适应性和变化性。而功能解释则能够解释这些差异和相似之处背后的原因和机制,如社会文化因素、交际目的等。通过对比分析和功能解释,能够更深入地理解正面情感表达在交际中的作用和价值,以及它们是如何与语境相互作用的。结合批评话语分析的视角,可以对正面情感表达进行更深入的思考和解读。这包括对其背后意图的挖掘、社会效果的评估以及更深层次的社会意义和权力关系的揭示。通过批判性思考,能够避免被表面的情感色彩所迷惑,而是能够深入到情感表达背后的社会文化动因和影响,从而为提供更全面、更深刻的认识。

在讨论了正面情感的语料预处理和方法论后,其分析过程可作具体设计如下:

1)元功能分析。首先,在概念功能的分析中,需要识别文本中表达正面情感的词语和短语。这些词语和短语通常与积极、愉悦、满足等情感状态相关,如"喜悦""成功""幸福"等。通过仔细审查文本,可以找到这些表达正面情感的词汇,并分析它们在文本中的分布和频率,从而初步确定正面情感表达的存在。除了词语和短语,还需要关注文本中的动作过程和参与者。在正面情感表达中,动作过程通常描述积极的行为或经历,如"取得成就""享受乐趣"等。参与者则与这些积极行为或经历相关,可能是人、事物或组织。通过分析动作过程和参与者之间的关系,可以进一步理解正面情感表达是如何通过描述积极行为和经历来传达的。其次,在人际功能的分析中,要关注文本中的语气、情态和评价性语言。语气在正面情感表达中起着关键作用,它可以通过感叹句、疑问句或陈述句来传达不同的情感强度。例如,感叹句通常用于表达强烈的正面情感,而陈述句则可能更加客观和冷静。通过识别和分析文本中的语气类型,可以进一步了解说话者的情感态度和意图。情态在正面情感表达中也扮演着重要角色。它涉及说话者对命题或提议的确定性或可能性的判断。在正面情感表达中,高情态值的语言可以增强情感的表达效果,而低情态值的语言则可能减弱这种效果。通过分析文本中的情态表达,可以了解说话者对正面情感的确定性和态度强度。在语篇功能的分析中,要关注文本的衔接和连贯性。衔接手段如词语重复、代词指代和连接词等,有助于形成文本的连贯性和一致性。在正面情感表达中,这些衔接手段可以帮助强化和突出正面情感,使其更加突出和明显。此外,还需要关注文本的信息结构和主题发展。正面情感表达通常围绕一个积极、愉悦的主题展开,通过组织信息和安排段落来构建一个完整、连贯的文本。

2)评价性分析。根据评价理论,评价性语言通常涉及对事物的价值判断,这些价值判断可以是显性的,也可以是隐性的。在正面情感表达中,主要关注那些表达赞赏、满意、喜悦等积极情感的评价词汇。这些词语可能直接描述事物的积极属性,也可能通过比较或对比来突出其优越性。例如,在一段描述新产品的文本中,作者可能会使用诸如"出色的""令人印象深刻的"等词语来评价产品的性能或外观。这些词语直接传达了作者对产品的积极看法和赞赏之情。同时,作者还可能通过与其他产品进行比较,如"比市场上的同类产品更优秀",来进一步强调产品的优越性。除了直接的评价词汇外,程度副词在正面情感表达中也扮演着重要角色。程度副词用于修饰形容词、动词或其他副词,以表达情感的强度或程度。在正面情感表达中,程度副词如"非常""极其"等可以增强正面情感的强度,使表达更加生动有力。例如,在描述一次愉快的旅行经历时,作者可能会写道:"非常享受这次旅行,景色极其美丽。"这里的"非常"和"极其"都是程度副词,它们强化了"享受"和"美丽"这两个正面情感的表达效果。通过使用这些程度副词,作者成功地传达了自己对旅行经历的极度满意和喜悦之情。评价性语言的识别并不仅仅局限于显性的评价词汇和程度副词。有时,作者可能通过隐喻、转喻等修辞手法来间接表达情感和评价。因此,在识别评价性语言时,需要保持敏锐的洞察力,善于捕捉文本中的隐含意义和言外之意。此外,评价性语言的识别还需要结合语境进行分析。不同的语境可能会对同一评价性语言产生不同的解读。因此,在识别评价性语言时,需要充分考虑文本的主题、背景以及作者的意图等因素,以确保准确理解作者的情感和态度。通过运用评价理论和关注程度副词等语言特征,深入理解文本中的情感色彩和作者的意图。

3)语境分析。识别和描述情景语境。情景语境是指语言使用时的具体环境和背景,它可以分解为一系列变量,如时间、地点、参与者、交际媒介等。对这些变量一一解读。解构语言使用的现实环境。同时,需要对文本所处的文化背景有所了解,以避免因文化差异而导致的误解。社会习俗也是影响正面情感表达的重要因素。不同的社会群体和社区有着不同的交际规范和习惯。这些规范可能涉及语言表达的正式程度、礼貌原则以及情感表达的适宜性等方面。在识别正面情感表达时,需要考虑到这些社会习俗的影响,以确保对文本的正确理解。特定场合的规范同样不可忽视。不同的场合对语言使用有着不同的要求。例如,在正式场合,语言表达可能更加严谨和庄重;而在休闲场合,则可能更加随意和轻松。正面情感表达也需要根据场合的不同而有所调整。在识别正面情感表达时,需要关注文本所处的场合,以判断其是否符合该场合的语言规范。除了情景语境外,还有上下文语境,也就是互文。互文性指的是文本与其他文本之间的关系,包括引用、借鉴、对比等。在正面情感表达中,作者可能会通过引用其他文本中的积极评价或情感词汇来增强自己的表达效果。同时,说话人也可能通过对比不同文本中的情感表达来突出自己的正面情感。因此,在分析正面情感表达时,需要关注文本的互文性,以揭示其与其他文本之间的联系和差异。通过分析文本的互文性,可以更好地理解正面情感表达的来源和目的。一方面,互文性可以帮助追溯正面情感表达的历史渊源和文化背景,从而更深入地理解其内在含义和社会价值。另一方面,互文性也可以揭示作者的情感态度和意图。通过对比不同文本中的情感表达,可以发现作者可能是在借鉴他人的观点来强化自己的情感表达,或者是在对比中突出自己的独特见解和情感倾向。可以尝试对文本进行语境重构,通过还原文本产生的具体环境和背景来更好地理解其情感表达。或者对文本进行跨文化对比,通过比较不同文化背景下的情感表达来揭示其共性和差异。此外,还可以运用语料库分析等方法来探究特定场合下情感表达的规范和特点。

4)类别分析。在前面的分析中,分别从系统功能语言学的多个角度对正面情感表达进行了深入的探讨。这些分析涉及了概念功能、人际功能、语篇功能以及语境因素等多个层面。将这些分析结果综合起来,结合类别分析,更全面地理解其多样性和复杂性。在对正面情感表达进行分类之前,需要明确分类的基础和标准。情感的强度、类型以及目标是进行分类的主要依据。情感的强度指的是情感的深浅程度,可以从轻微到强烈不等。情感的类型则涉及不同的情感状态,如喜悦、满意、感激等。而情感的目标则是指情感所指向的对象,如产品、服务、个人等。根据情感的强度,可以将正面情感表达分为轻微正面情感、中等正面情感和强烈正面情感。轻微正面情感可能表现为一种淡淡的喜悦或满足,如"这款产品还不错";中等正面情感则可能更加明确和强烈,如"我非常喜欢这款产品";而强烈正面情感则可能表现为极度的兴奋或满足,如"这是我见过的最好的产品,简直太棒了!"在情感类型的分类上,可以借鉴心理学中的情感分类理论,将正面情感表达分为喜悦、满意、感激、安心等类型。喜悦通常表现为高兴、愉快的情感状态,如"听到这个消息,我感到非常高兴";满意则是对某种情况或结果的认可和满足,如"我对这次的服务感到非常满意";感激则是对他人善意行为的认可和感谢,如"谢谢帮助,真的很感激";安心则是一种放心、无忧无虑的情感状态,如"有你在身边,我感到很安心"。在情感目标的分类上,可以根据正面情感所指向的对象进行划分。例如,针对产品的正面情感表达可能涉及对产品性能、外观、价格等方面的评价;针对服务的正面情感表达可能涉及对服务态度、效率、专业性等方面的认可;而针对个人的正面情感表达则可能涉及对他人品质、能力、性格等方面的赞赏。为了更准确地识别和分类正面情感表达,可以利用情感词典和语法分析作为辅助工具。情感词典包含了一系列已知的情感倾向词语,这些词语经过标注和分类,可以帮助快速识别文本中的情感词汇。通过匹配文本中的词汇与情感词典中的条目,可以初步判断文本的情感倾向。

进一步采取的语法分析则帮助深入了解这些情感词语在句子中的结构和功能。通过分析句子的主语、谓语、宾语等成分以及它们之间的关系,可以更准确地理解情感表达的具体含义和指向。例如,通过识别句子中的动词和形容词,可以判断情感表达是积极的还是消极的;通过分析句子的语态和时态,可以推测情感表达的强度和持久性。

类别分析不仅有助于更全面地理解正面情感表达的多样性和复杂性,还为情感分析领域的研究和应用提供了有力的支持。通过分类,可以更清晰地识别不同情境下的正面情感表达,为情感计算、情感智能等技术的发展提供数据基础和理论依据。同时,分类结果还可以为商业决策、产品改进、服务优化等方面提供有价值的参考信息。例如,在产品评价中,通过对用户评论进行正面情感表达的分类,企业可以了解用户对产品的哪些方面表示满意或喜悦,从而有针对性地改进产品设计和功能;在服务行业中,对客户的正面反馈进行分类和分析,可以帮助企业了解服务质量和客户需求的满足程度,进而提升服务水平和客户满意度。

(5)工具分析。随着自然语言处理技术的不断发展,越来越多的模型和工具被应用于情感分析领域。在正面情感表达分类中,可以利用这些模型和工具来辅助判断文本的情感分类标签,提高分类的准确性和效率。以下从应用模型和工具的角度出发,探讨其在正面情感表达分类中的实践应用。针对中文文本的情感分类任务,可以选择适合中文处理的模型。StructBERT 是一种基于 BERT 的中文情感分类模型,它结合了结构化的信息,能够更好地捕捉文本中的语义关系,提高情感分类的准确性。StructBERT 在训练过程中,通过引入结构化的信息,使得模型能够更好地理解句子的结构,从而更准确地判断文本的情感倾向。除了 StructBERT,还有其他一些适用于中文情感分类的模型,如 TextCNN、RNN、LSTM 等。这些模型在中文情感分析领域都取得了不错的效果。在选择模型时,需要根据具体的任务需求和数据特点进行权衡和选择。在正面情感表达分类中,通常将情感类别分为正面、负面和中性三类。正面情感表示积极、满意的情感倾向,负面情感表示消极、不满的情感倾向,而中性情感则表示没有明显的情感倾向或情感倾向不明确。为了训练情感分类模型,需要对文本数据进行情感类别的标注。标注工作通常由人工完成,标注人员需要根据文本的内容和情感倾向,将其归类为正面、负面或中性中的一类。标注过程需要尽可能准确和客观,以确保训练出的模型能够准确地识别文本的情感倾向。在准备好标注好的数据集后,可以使用选定的中文情感分类模型进行训练。训练过程中,模型会学习从文本中提取特征,并建立起特征与情感类别之间的映射关系。

　　为了提高模型的性能,可以采用一系列优化策略。首先,选择合适的损失函数和优化器,以确保模型能够有效地收敛并达到最优解。其次,通过调整模型的超参数,如学习率、批次大小等,来优化模型的训练过程。此外,还可以采用数据增强技术,通过对原始数据进行变换和扩充,增加模型的泛化能力。在训练过程中,还需要对模型进行性能评估。通过计算模型在验证集上的准确率、召回率、F1 值等指标,可以评估模型的性能表现,并根据评估结果进行模型的调整和优化。训练好的中文情感分类模型可以应用于实际场景中,对文本进行正面情感表达的分类。在实际应用中,可以将待分类的文本输入到模型中,模型会输出该文本所属的情感类别标签。为了评估模型在实际应用中的性能,可以使用测试集对模型进行测试。通过计算模型在测试集上的性能指标,可以了解模型在实际场景中的表现,并根据测试结果进行模型的进一步优化和调整。此外,还可以采用其他评估方法,如交叉验证、混淆矩阵等,对模型的性能进行更全面的评估。这些评估方法可以帮助更深入地了解模型的优缺点,为模型的改进提供有力支持。

　　在工具分析中一定要始终把握一个度,就是利用工具,相信工具但不成为工具、不迷信工具。首先,情感表达的多样性和主观性使得分类任务具有一定的难度。不同人对同一文本可能产生不同的情感倾向,这就使得没有一个模型的是完美的,可以做到百分之百准确。其次,中文语言的复杂性和多样性也给模型的训练和应用带来了一定的困难。中文中存在大量的同义词、反义词和语境依赖等现象,中文的词类和词性如何标注迄今还存在着争议。用这些语料训练出来的模型不能直接使用,而是要根据具体场景进行调参。

　　除了利用中文情感分类模型进行正面情感表达的分类外,还可以结合其他工具和资源来提高分类的准确性和效率。例如,可以利用情感词典来辅助判断文本的情感倾向。情感词典包含了大量已知的情感词语及其对应的情感倾向标签,通过匹配文本中的词语与情感词典中的条目,可以初步判断文本的情感倾向,为模型的分类提供有力的支持。此外,还可以利用文本预处理工具对文本进行清洗和规范化处理,去除无关信息和噪声数据,提高模型的分类效果。同时,还可以结合领域特定的知识和规则来优化模型的分类结果,使其更符合实际应用场景的需求。中文情感分类模型在正面情感表达分类中发挥着重要作用。通过选择合适的模型、定义明确的情感类别、进行模型的训练与优化以及结合其他工具和资源的应用,可以有效地提高正面情感表达分类的准确性和效率。

6.4　负 面 情 感

　　负面情感是指人们在特定情境下体验到的消极情绪,它通常与不愉快、痛苦、悲伤、愤怒等感觉相关联。负面情感在情感分析领域被认为是影响个体行为、决策和身心健康的重要因素。负面情感大致包括悲伤、愤怒、恐惧、厌恶、焦虑、羞愧。在系统功能语言学的框架下,负面情感大多数情况下通过语言的人际功能来表达,例如使用消极的评价词汇、否定结构、特定的语气和情态等。负面情感的语言特征可能包括消极评价词汇如"失败""痛苦""糟糕"等;否定结构如"不""没""无"等,表示否定或拒绝;负面情态如"可能不""或许不会"等,表达不确定性和悲观;特定语气如"应该""必须"等,可能表达责任或压力。识别负面情感对于理解和评估个体或群体的情绪状态、心理健康、社会问题等都是至关重要的,同时准确地识别和理解负面情感也是一个挑战。

由于语言的社会属性,说话人往往不愿意直接表达自己的负面情感,而是选择更为隐蔽或间接的方式来表达,在表达负面情感时可能会使用各种修辞手法,如隐喻、讽刺、否定等,使得识别负面情感变得困难。与正面情感的表达不同,负面情感通常以不同的强度出现,并且可能与正面情感混合,形成复杂的情感状态,情感的混合性使得也进一步加剧了识别和分类的困难。例如:

1)这真是一个精彩绝伦的计划,绝对会取得巨大的成功。

2)我不认为这是一个好主意。

3)我对此感到失望。

4)我又生气又难过,不知道该怎么办。

5)这个提议似乎还需要更多的考虑。

6)我不是说这个计划不好,只是我们也许有更好的选择。

例1)表面上看似正面,但可能包含讽刺,正确的解读需要考虑语境和作者的意图。例2)表达了负面情感,但没有明确指出具体的问题或担忧,这使得情感的强度和具体类型难以确定。例3)这句话的情感要因文化而异,在某些文化中,"失望"可能被视为轻微的负面情感,而在其他文化中,它可能被视为更严重的问题。例4)表达了多种负面情感的混合,包括愤怒和悲伤,识别和理解这种复杂的情绪状态需要更精细的分析。例5)这句话表面上看似中立,但实际上可能隐含对提议的负面评价,正确的解读需要深入理解语境和作者的意图。例6)这句话使用了否定结构,表达了对计划的保留意见,识别这种负面情感需要对否定结构的深入理解。这些案例表明,负面情感在语言识别上的难度主要源于语言表达的多样性、文化差异、语境依赖性、情绪的隐蔽性、复杂性和语言的模糊性。因此有必要在对照正面情感分析的基础上进一步做出探讨。

对于负面情感语料的预处理步骤,与正向情感并无差别,仍包括情感词汇识别、语境分析、评价分析等,其识别过程,也大致相同,在此不一一赘述,此处仅将负面情感的识别分析与隐式情感的识别分析结合起来,对本书7.3节内容进行差异化补充。

如前所述,主流的情感分析方法都是基于情感词典和机器学习的。正面情感分析如此,负面情感分析也不例外。所不同者,负面情感分析往往与隐式情感分析重叠,因此在方法论上可以将此论题放在一起观察。如 Hu Minqing 和 Liu Bing 提出了一种基于情感词典和语法规则的方法来识别文本中的隐式情感表达[44]。Taboada 等人使用支持向量机(SVM)进行情感分类,并通过特征工程来提取文本中的隐式情感特征[45]。Zhou Peng 等人通过注意力机制来捕捉文本中的隐式情感表达[46]。尽管以往的研究取得很大的进展,但由于没有引入系统的语言学理论框架,现有研究对隐式主题的情感分析研究面临着系统性和准确性的缺乏,跨语言和跨文化场景下的应用更加困难。针对这个问题,系统功能语言学展现了强大的解释力和理论吸引力。

任何语义分析都离不开语境前提,任何情感分析,都与语言的人际元功能紧密相关,而人际元功能分析最重要的是对评价资源的分析。这样,语义情感在词汇-语法层面的实现就被放置在了一个系统的网络里,使得其分析更为精密。如第2章所述,系统功能语言学体系中与情感挖掘和分析最直接相关的是对评价资源的认识,它是指表征人们如何使用语言来表达态度、评价情感、传递价值观的语言集合。态度是指语言使用者对所表达内容的态度,包括情感、判断和鉴赏三个方面。情感涉及语言使用者对事物的负面或者隐式情感反应,如厌恶、悲伤;判断涉及对行为或品质的评价,如可耻或自私;鉴赏则是对事物价值的评价,如丑陋、无用或无聊。在本书所提倡的情感分析模型中,语境和文体风格有助于隐式主题的发掘,为情感分析提供宏观依据,评价则用于推断出作者的情感倾向和态度。因而在处理隐式情感表达方面具有优势,因为它不仅关注情感词汇的出现,还关注语篇层面的情感网络样态,有助于更加深入理解和分析文本中的情感和态度。

与正面情感分析的唯一不同之处,在于语境的比重大为增加。情感属于人际元功能。人的本质是社会属性,语言亦然,情感同样。没有超越社会因素存在的情感。在情感表达的过程中,人们总是避免过于直白地表达负面情感。作为情感主题的情绪,往往是有标记的,容易识别的,但观点和判断往往是隐式的。也就是说,在这里,负面情感中的情绪内容,可以借鉴正面情感的识别方法分析,但其更深层次内容和隐式情感交织,甚至重叠在一起,无法用情感词典方法识别,机器学习和深度学习的方法也因为标注问题显得吃力,因而更值得深入研究。除了参照正面情感分析的分析设计之外,还可以进一步探索对深度学习工具的应用。

为了利用深度学习算法精确地推断文本整体的负面情感及其隐式表达,可以按照如下步骤设计一个方案。首先,结合语境和语类识别聚类,提取和构造能够体现文本情感色彩的关键特征。提炼出能够反映隐式主题情感特质的语境特征,以增强模型对情感倾向识别的敏锐度和准确性。其次,为文本设定情感标签,基于评价理论的框架,将文本情感倾向性归类为正面、负面或中性等类别。在此基础上,建立规模适当且标注详尽的训练数据集,为后续机器学习模型的训练提供坚实的数据基础。再次,根据任务需求和数据特性,挑选适宜的分类算法,利用模型凭借其强大的表征学习能力捕获文本中的深层语义特征和复杂的情感信息。最后,使用构建好的训练数据集对选定的机器学习模型进行训练,其间通过调整模型参数,执行交叉验证等手段优化模型性能,确保模型能够最大程度地拟合训练数据集,并具备良好的泛化能力。

首先,构建数据集。负面情感新数据集的构建涉及数据的收集、清洗、标注和预处理等多个步骤:确定数据来源,结合豆瓣和微博,确定电影评论的来源;筛选出包含隐式主题的文本;数据清洗,包括信息纯化、格式统一化和去重;使用评价理论来设计标注符号,培训具有相关背景知识的标注人员并手动标注文本中的情感、判断和鉴赏资源,审定确保标注的一致性和准确性;使用词袋模型将文本分解为单词或词汇单元,将不携带情感信息的词汇停用;提取文本中的特征,如词频、词序列、语法结构等,以供后续的机器学习模型使用;将标注结果整合到原始文本中,形成标注数据集;将数据集划分为训练集和测试集,用于模型的训练和评估。通过上述步骤,可以构建一个包含负面情感的文本数据集,并对其进行必要的预处理,以供后续的情感分析研究使用。

接下来,需要进行特征选择。基于系统功能语言学理论提取语境、语义和词汇-语法特征,通过特征选择技术确定对情感分析最有用的特征,可以遵循以下 12 个步骤:①提取语境特征,重要参数包括交际的参与者、目的、场合、媒介、文本所处的社会文化背景。②提取语义特征,通过分析文本中的概念意义,识别出主要讨论的主题或话题。③区分文本中的概念元功能、人际元功能和语篇元功能。如在电影评论中,概念元功能可能涉及对电影内容的描述,人际元功能可能涉及对电影好坏的判断,语篇元功能可能涉及对评论结构的安排。④分析评价意义,使用评价理论来识别文本中的态度、判断和鉴赏等评价资源。⑤提取词汇-语法特征,在建立典型的情感词语词典之外,考察句法和语法结构如何影响意义的表达。⑥分析文本中的语气和情态表达。如在电影评论中,疑问句表达不确定或寻求共识,而命令句表达权威或强制。⑦去除与情感分析无关的特征,如标点符号、数字等。⑧应用相关性统计方法,如卡方检验、互信息等,来评估特征与情感标签的相关性。⑨评估特征重要性,使用机器学习算法中的特征重要性评估,如决策树、随机森林等,来确定对情感分析最有用的特征。⑩应用特征选择技术,如过滤式、包裹式和嵌入式方法,来选择最优的特征子集。⑪使用交叉验证或其他验证方法来验证特征选择的结果,确保选择的特征对情感分析有实际帮助。⑫根据验证结果,调整特征选择策略,以优化情感分析的性能;通过特征选择,可以确定哪些特征对预测电影评论的情感倾向最为关键。

数据集构建和特征选择做完后,就可以进行深度学习训练了。目前可见的几乎所有的深度学习模型在算力上都完全可以满足要求。此处仅以支持向量机(SVM)为例予以过程说明。支持向量机是解决情感分类问题的传统模型。如前所述,最重要的是数据集。负面情感数据集和特征分类标注做好,决定了模型的科学性和准确性。导入整合了提取的特征和对应的情感标签的训练数据集时,要确保数据集的平衡性,避免模型偏向于多数类别的数据。接下来就可以使用训练数据集对选定的机器学习模型进行训练。在此过程中,连续调整模型参数,如学习率、批次大小、正则化强度等,以优化模型性能。使用测试数据集对优化后的模型进行最终评估,评估指标包括准确率、召回率和 F1 分数。值得注意的是,引入深度学习的好处,是可以根据结果进行调参,从而不断提高负面情感分析的准确性。

如果条件允许,在结合系统功能语言学的理论的基础上,全面考虑语境、语义和词汇-语法特征,不断提高情感分析的准确性和深度。系统功能语言学提供了一种全面的框架,用于理解语言在不同情境中的功能作用。通过这种理论视角,我们可以更深入地探讨情感表达的多样性以及其在文本中的表现形式。例如,元功能理论帮助我们理解语言的不同功能如何共同作用,以传达情感。例如,通过分析文本的概念功能,我们能够识别描述现实世界的细节,这些细节如何影响情感的表达;通过分析人际功能,我们能够洞悉作者与读者之间的情感互动;通过语篇功能分析,我们能够理解语言在构建连贯篇章中的作用,从而揭示情感表达的整体结构。当然,为了进一步提升情感分析的准确性和深度,可以采取特征选择等多种新的技术和神经网络算法。

特征选择技术能够帮助我们识别对情感分析任务最为关键的特征,从而减少冗余信息,提高分析效率。通过筛选和聚焦于最具影响力的特征,我们不仅可以减少计算复杂度,还能增强模型对情感的敏感性和准确性。这一过程涉及对数据集的多样性和规模进行扩展,这不仅能够丰富模型的训练数据,还能够提高其泛化能力。例如,增加数据集的多样性可以让模型接触到更广泛的情感表达形式,从而提升其在实际应用中的表现。通过不断扩充数据集和优化特征选择,我们能够在面对各种情感表达时,提高模型的识别和分类能力。

此外,先进的神经网络架构,如循环神经网络(RNN)、长短期记忆网络(LSTM)以及

Transformer,提供了强大的工具来处理和分析文本中的情感信息。RNN 通过其递归结构能够捕捉序列数据中的时间依赖性,适合处理长文本中的情感变化。LSTM 则在 RNN 的基础上,通过引入门控机制,有效解决了长程依赖问题,使得对长文本中的情感信息的捕捉更加精准。Transformer 模型则凭借其自注意力机制,在处理大规模文本数据时显示出优越的性能。利用这些模型,我们能够更好地理解和分析文本中的复杂情感模式和潜在含义。

随着大语言模型的普及,还可以考虑模型融合,引入集成学习方法如 Bagging(自助法)、Boosting(提升法)和 Stacking(堆叠法)等,可以显著提升模型的稳定性和性能。Bagging 通过对多个模型的预测结果进行平均,减少了模型对特定数据集的过拟合现象。Boosting 则通过加权调整模型的训练过程,逐步纠正前一个模型的错误,提高了模型的准确性。Stacking 方法则通过将多个基础模型的预测结果作为输入,训练一个更高层次的模型,从而融合多个模型的优势,进一步提升分析的准确性。这些集成学习方法能够有效地整合不同模型的优点,提高情感分析中对负面情感和隐式情感的识别能力和处理效率。

换言之,结合系统功能语言学理论、特征选择技术、先进神经网络模型以及集成学习方法,可为情感分析任务提供一个全面、精细的解决方案。这样不仅能够提升情感分析的准确性,还能够扩展其应用范围,使其在处理复杂情感数据时表现更加出色,从而在实际应用中实现更高效、更精准的情感分析,为相关领域的研究和实践提供坚实的支持和参考。

第 7 章　情感分析新领域

系统功能语言学的引入,为认识语言中的情感现象提供了有力的分析框架。这个框架,不仅为传统的情感分析领域提供了理论依据,也为新领域的情感分析指明了方向。新的情感分析领域包括:多模态情感分析、面向属性的情感分析、话语立场分析、情感原因推理。模型只有具有泛化能力和鲁棒性,才能得到充分检验,构建在系统功能语言学基础上的新情感分析模型,应该对其理论适用性做出回答。

7.1　多模态情感分析

传统的情感分析大多基于单一的文本模态,忽略了声音、图像等其他模态在情感表达中的重要作用。随着多模态学习技术的发展,结合多种模态数据进行情感分析已成为研究热点。系统功能语言学作为一种研究语言使用和功能的理论框架,为提供了理解文本内在结构和语境信息的独特视角。在多模态情感分析中,结合语境分析可以帮助更深入地理解不同模态之间的关联和交互,从而更准确地识别情感。将分析不同模态之间的关联和交互,并使用多模态学习技术提取和融合各模态的特征,有助于实现更全面的情感识别。

多模态情感分析是指利用多种模态的数据(如文本、声音、图像等)进行情感信息的提取和分析。相比于单一的文本模态,多模态数据能够提供更丰富、更全面的情感表达信息。例如,在一段对话中,除了文本内容外,声音的高低、语速的快慢以及面部表情的变化等都可以反映说话者的情感状态。多模态情感分析的核心问题是如何有效地提取和融合不同模态的特征。一方面,需要针对每种模态设计合适的特征提取方法,以捕捉其独特的情感表达信息;另一方面,还需要研究如何将这些特征进行有效的融合,以形成一个统一的情感表示。

语言的使用是受到语境和社会文化因素影响的。在多模态情感分析中,语境分析可以帮助更深入地理解不同模态之间的关联和交互,帮助识别不同模态在情感表达中的作用和重要性。例如,在某些情境中,文本可能是主要的情感表达方式,而在其他情境中,声音或图像可能更为关键。通过分析语境信息,可以确定哪种模态在特定情境下对情感表达的影响更大,从而有针对性地提取和分析这些模态的特征。其次,语境分析还可以帮助理解不同模态之间的交互和协同作用。情感表达通常涉及多种模态的相互配合和互补,而不是单一模态的孤立表现。通过分析语境中不同模态之间的关联和依赖关系,可以揭示它们在情感表达中的共同点和差异点,进而更准确地识别情感。

多模态学习技术是实现多模态情感分析的关键。它旨在从多种模态的数据中提取和融合特征,以形成一个统一的情感表示。以下是一些常用的多模态学习技术在情感分析中的应用。特征级融合是一种常见的多模态学习方法。它首先针对每种模态分别提取特征,然后将这些特征进行拼接或加权组合,形成一个统一的特征向量。这个特征向量包含了来自不同模态的信息,可以用于后续的情感分类或回归任务。决策级融合是另一种多模态学习方法。它首先对每种模态进行独立的情感分析,得到各自的分类或回归结果,然后对这些结果进行融合,以得出最终的情感判断。这种方法允许不同模态保持一定的独立性,同时通过融合它们的输出来提高整体的性能。

深度学习方法在多模态情感分析中得到了广泛应用。通过构建深度神经网络模型,可以同时处理多种模态的数据,并自动学习它们之间的关联和交互。例如,可以使用卷积神经网络(CNN)处理图像数据,使用循环神经网络(RNN)处理文本和声音数据,并通过共享层或联合训练的方式实现多模态特征的融合和交互。

为了验证结合语境分析与多模态学习技术在情感分析中的有效性,可以设计一系列实验并进行评估。需要准备一个标注好的多模态情感分析数据集。这个数据集应该包含文本、声音、图像等多种模态的数据,并标注相应的情感极性标签。通过使用这样的数据集,可以评估模型在不同模态下的性能表现。其次,可以构建基于系统功能语言学语境分析和多模态学习技术的情感分析模型。这个模型应该能够处理多种模态的数据,并提取和融合它们的特征。可以使用不同的多模态学习方法(如特征级融合、决策级融合或深度学习方法)来构建模型,并比较它们的性能差异。在模型训练完成后,可以使用测试集来评估模型的性能。常见的评估指标包括准确率、召回率、F1 值等。通过比较不同模型的评估结果,可以分析系统功能语言学语境分析和多模态学习技术对情感分析性能的影响。此外,还可以进行一系列对比实验,以验证结合系统功能语言学语境分析与多模态数据相比单一模态数据的优势。例如,可以比较仅使用文本模态、仅使用声音模态、图像模态以及结合所有模态的方法在情感分析任务上的性能表现。通过对比实验结果,可以深入了解不同模态在情感表达中的贡献以及它们之间的互补性。在实验过程中,还需要注意控制变量,以确保实验结果的可靠性和有效性。例如,可以保持模型的复杂度、训练数据量等条件一致,仅改变模态的组合方式,从而更准确地评估语境分析和多模态学习技术对情感分析的影响。

通过实验评估,可以得到一系列关于语境分析与多模态数据在情感分析中的结果。这些结果将为提供关于不同模态在情感表达中的作用、语境分析的有效性以及多模态学习技术的性能等方面的深入理解。首先,预期结合所有模态的方法在情感分析任务上将优于仅使用单一模态的方法。这是因为不同模态在情感表达中扮演着不同的角色,它们之间的互补性可以提高情感识别的准确性。实验结果将验证这一点,并展示多模态数据在情感分析中的优势。其次,通过对比不同多模态学习方法的性能,可以评估它们在融合不同模态特征方面的有效性。例如,可以比较特征级融合和决策级融合在情感分析任务上的表现,并探讨它们各自的特点和适用场景。此外,还可以分析深度学习方法在多模态情感分析中的性能,并讨论其与传统方法相比的优势和挑战。最后,结合语境分析的结果将为提供关于不同模态之间关联和交互的深入理解。通过分析语境信息,可以揭示不同模态在情感表达中的共同点和差异点,以及它们如何相互补充和增强。这将有助于更好地理解情感表达的复杂性,并进一步提高情感分析的准确性。在此,可以进一步探讨结合语境分析与多模态数据在情感分析中的挑战和限制。例如,多模态数据的采集和标注可能是一个耗时且昂贵的过程,限制了大规模应用的可能性。此外,不同模态之间的特征表示和融合也是一个具有挑战性的问题,需要进一步研究和探索。

可以看出,结合语境分析与多模态数据进行情感分析是一个充满挑战和机遇的研究方向。随着技术的不断发展和数据的不断积累,可以进一步探索更先进的多模态学习技术,以提高情感分析的准确性和效率。例如,利用深度学习模型自动学习不同模态之间的关联和交互,从而更有效地融合它们的特征。此外,还要研究如何利用跨模态的信息增强和补充单一模态的表示,进一步提高情感识别的性能,以及关注更复杂的情感表达和理解任务。

目前的多模态情感研究主要集中在基本的情感极性分类任务上,但实际应用中可能需要处理更复杂的情感表达和理解问题,如情感强度的评估、多情感标签的预测等。通过结合语境分析和多模态数据,可以尝试解决这些更具挑战性的问题,推动情感分析领域的发展。此外,还可以关注情感分析在实际应用中的落地和推广。例如,可以将多模态情感分析技术应用于人机交互、智能客服、在线教育等领域,为用户提供更智能、更个性化的服务。同时,还可以研究如何将情感分析与其他自然语言处理任务相结合,实现更全面的文本理解和分析。最后,还需要关注情感分析领域的伦理和隐私问题。随着多模态数据的不断采集和使用,需要确保数据的合法性和隐私性,避免滥用和泄露个人信息。同时,还需要加强对情感分析技术的监管和规范,确保其健康、可持续地发展。

7.2　面向属性的情感分析

传统的情感分析大多关注整体的情感极性判断,而忽略了消费者对于产品特定属性或方面的情感态度。因此,面向属性的情感分析应运而生,它旨在识别和分析消费者对于产品不同属性或方面的情感极性,为企业提供更精准的市场洞察和产品改进建议。

系统功能语言学作为一种研究语言使用和功能的理论框架,为提供了理解文本内在结构和功能的独特视角。结合系统功能语言学的面向功能的分析方法,可以更深入地理解文本中特定属性或方面的情感表达,从而实现更准确的面向属性的情感分析。本文将探讨如何结合系统功能语言学的面向功能分析方法进行面向属性的情感分析,并分析其在产品改进和市场营销中的应用价值。

面向属性的情感分析是一种从文本中识别和分析特定属性或方面情感极性的技术。与传统的整体情感极性判断不同,面向属性的情感分析关注文本中针对特定属性或方面的情感表达,如产品的外观、性能、价格等。通过面向属性的情感分析,可以了解消费者对于产品不同方面的满意度和评价,为企业提供更具体的反馈和建议。

在进行面向属性的情感分析时,首先需要确定要分析的属性或方面。这可以通过对文本进行预处理和关键词提取来实现。然后,利用情感词典或机器学习模型等方法,对文本中针对这些属性的情感表达进行识别和分类。最终,可以得到每个属性或方面的情感极性分布和强度,从而全面了解消费者的情感态度。

在面向属性的情感分析中,面向功能分析方法可以帮助更深入地理解文本中特定属性或方面的情感表达,也可以帮助识别文本中针对特定属性的描述和评价。通过分析文本的结构和语法功能,可以确定哪些句子或短语是关于特定属性的描述,哪些是关于该属性的情感表达。这有助于更准确地提取和分析与特定属性相关的情感信息。语境分析可以帮助理解情感表达背后的社会文化因素。不同的语境和社会文化背景可能导致消费者对同一属性的情感评价存在差异。通过结合语境信息,可以更全面地理解消费者的情感态度和评价背后的原因,从而为企业提供更准确的反馈和建议。语言的动态性和互动性应予考虑,在面向属性的情感分析中,可以此来分析消费者与产品之间的交互过程以及由此产生的情感变化。例如,消费者在购买产品后的使用体验可能会随着时间的推移而发生变化,这种变化可以通过分析文本中的时态、语态等语言特征来捕捉。

　　面向属性的情感分析在产品改进和市场营销中具有广泛的应用价值。通过面向属性的情感分析,企业可以了解消费者对于产品不同方面的满意度和评价。这有助于企业发现产品存在的问题和不足,从而进行有针对性的改进。例如,如果消费者普遍对产品的性能表示不满,企业可以加强性能方面的研发和优化;如果消费者对产品的外观设计评价不高,企业可以考虑调整设计风格或增加新的外观元素。其次,面向属性的情感分析还可以帮助企业了解消费者对于产品不同属性的偏好和需求。这有助于企业制定更精准的市场营销策略,满足消费者的个性化需求。例如,企业可以根据消费者对于价格、性能、外观等方面的不同评价,制定不同的定价策略、推广渠道和宣传重点,以提高产品的市场竞争力。此外,面向属性的情感分析还可以用于比较不同品牌或产品之间的优劣差异。通过对多个品牌或产品的面向属性情感分析结果进行对比分析,企业可以了解自身在市场上的竞争地位以及与其他品牌的差距,从而制定更有效的竞争策略。

　　为了验证结面向功能分析方法的面向属性情感分析的有效性,可以设计以下实验并进行评估,步骤要素如下:

　　需要准备一个标注好的面向属性情感分析数据集。这个数据集应该包含针对产品不同属性的描述和评价文本,并标注相应的情感极性标签。通过使用这样的数据集,可以评估模型在不同属性上的性能表现。接着,可以构建基于面向功能分析方法的面向属性情感分析模型。这个模型应该能够识别文本中针对特定属性的描述和评价,并提取相应的情感信息。可以利用自然语言处理技术和机器学习算法来实现模型的构建和训练。在模型训练完成后,可以使用测试集来评估模型的性能。常见的评估指标包括准确率、召回率、F1 值等。通过比较不同模型的评估结果,可以分析系统功能语言学面向功能分析方法在面向属性情感分析中的贡献和优势。此外,还可以进行一系列对比实验,以验证结合面向功能分析方法相比传统方法的优越性。例如,可以比较仅使用传统情感分析方法和结合面向功能分析方法的面向属性情感分析模型在相同数据集上的性能表现。通过对比实验,可以深入了解面向功能分析方法在提升面向属性情感分析准确性方面的作用。

　　实验结果将为提供关于结合面向功能分析方法的面向属性情感分析模型性能的直接证据。可以预期,本方法将在识别特定属性或方面的情感极性方面表现出更高的准确性。可以分析模型在不同属性上的性能表现。对于某些属性,如产品的性能或外观,消费者可能更容易表达明确的情感倾向,因此模型在这些属性上的表现可能更为出色。而对于其他属性,如售后服务或价格,消费者的情感态度可能更为复杂或模糊,这将对模型的性能提出更高的要求。可以探讨系统功能语言学面向功能分析方法在提升模型性能方面的具体作用。

通过分析模型在识别特定属性描述和评价时的表现,可以了解语言理论如何帮助模型更好地理解文本的结构和功能的;还可以研究系统功能语言学方法在处理不同语境和社会文化背景下的情感表达时的效果,以进一步验证其适用性和泛化能力。在讨论部分,将对实验结果进行深入探讨,并指出可能存在的限制和挑战。例如,面向属性的情感分析可能受到文本质量和数量的限制,尤其是在处理特定领域或细分市场的产品时。此外,消费者对于不同属性的情感表达可能受到个人偏好、文化背景等多种因素的影响,这将对模型的准确性和可靠性提出更高的要求。

总之,面向功能分析方法的面向属性情感分析是一个充满挑战和机遇的研究方向。随着技术的不断发展和数据的不断积累,应当进一步研究如何更有效地结合深度学习技术,提高面向属性情感分析的准确性和效率。深度学习模型在自动学习文本特征方面具有强大的能力,而语言学方法则提供了深入理解文本结构和功能的理论框架。将两者结合起来,可以开发出更强大、更灵活的面向属性情感分析模型。可以关注跨领域和跨语言的面向属性情感分析。不同领域和语言的文本具有不同的特点和表达方式,因此需要针对不同的情况进行定制化的分析和处理。通过研究和开发适应不同领域和语言的面向属性情感分析模型,可以为更广泛的应用场景提供支持。还可以探索如何将面向属性情感分析与其他自然语言处理任务相结合,以实现更全面的文本理解和分析。例如,可以将面向属性情感分析与实体识别、关系抽取等任务结合起来,从文本中提取更丰富的信息并构建更完整的语义表示。这将有助于更深入地理解消费者的需求和意见,为企业提供更精准的市场洞察和产品改进建议。还需要关注面向属性情感分析在实际应用中的落地和推广。除了产品改进和市场营销外,面向属性情感分析还可以应用于舆情监测、用户反馈分析等多个领域。通过将这些技术应用于实际场景中,可以为企业和社会创造更大的价值。

7.3 话语立场分析

在日常生活和工作中,人们通过对话交流思想、表达情感、建立关系。话语数据作为一种丰富的语言资源,蕴含了对话者的立场、观点和情感动态。因此,话语立场分析成为自然语言处理领域的一个重要研究方向。结合系统功能语言学理论,深入剖析话语数据中的立场和交流中的情感动态,有利于更好地理解参与者之间的关系以及他们如何通过语言构建社会现实。

话语是人们在特定语境中进行语言互动的过程,它涉及语言的产生、理解和回应。立场则是个体或群体在特定话题或情境中所持的态度、观点或价值取向。在对话中,对话者通过语言表达自己的立场,并与对方进行交流和互动。因此,对话和立场分析旨在识别和理解对话者在交流过程中所表达的立场及其变化。

在话语立场分析中,需要关注以下几个方面:首先,要识别对话者所表达的核心立场,包括支持、反对、中立等;其次,要分析对话者如何运用语言手段来强化或弱化其立场,如使用强调词、修辞手法等;最后,要关注对话者之间的立场互动,即他们如何通过对话协商和构建共识或分歧。

系统功能语言学强调语言的社会性和交际性,认为语言的使用是受到特定语境和社会文化因素影响的。因此,结合此理论进行话语立场分析,可以帮助更深入地理解对话者的立场和情感动态。

语境理论可以帮助识别对话发生的具体情境和参与者之间的关系。语境包括语言使用的物理环境、社会环境和心理环境等方面。通过分析语境信息,可以了解对话者的身份、地位、角色以及他们之间的权力关系等,进而推断其可能的立场和态度。元功能理论为提供了理解对话者立场和情感动态的框架。元功能包括概念功能、人际功能和篇章功能。在话语实践中,对话者通过概念功能表达他们对世界的认知和理解;通过人际功能表达他们的情感、态度和立场;通过篇章功能组织语言,使对话具有连贯性和逻辑性。因此,通过分析对话中的元功能实现方式,可以揭示对话者的立场和情感动态。词汇-语法分析也是对话和立场分析的重要工具。词汇选择、语法结构和句式变化等都可以反映对话者的立场和情感。例如,使用强调词或否定词可以加强或削弱立场;使用疑问句或感叹句可以表达疑问、惊讶等情感。因此,通过词汇-语法分析,可以更精确地识别和理解对话者的立场和情感动态。

话语不仅涉及立场的表达与互动,还伴随着情感的传递与变化。情感动态是指对话者在交流过程中情感的起伏、变化及其对立场的影响。结合语言理论进行情感动态分析,有助于更全面地理解对话者的心理状态和互动关系。语调理论也提供了分析对话中情感表达的工具。语调是语言中表达情感的重要手段之一,不同的语调可以传达出不同的情感信息。通过分析对话中的语调变化,可以识别出对话者情感的变化趋势,进而推断其情感状态对立场的影响。人际功能理论也为揭示了情感与立场之间的关系。人际功能关注语言中表达情感、态度和价值观的方面。在对话中,对话者通过人际功能表达自己的情感状态,这些情感状态往往与其立场密切相关。例如,当对话者表达愤怒或不满时,其立场可能更加坚定或激进;而当表达喜悦或满意时,其立场可能更加温和或支持。因此,通过分析人际功能的实现方式,可以理解情感与立场之间的互动关系。

话语不仅仅是语言层面的交流,更是参与者之间社会关系和社会现实的构建过程。通过对话,参与者协商和确定彼此的关系、地位和角色,同时也共同构建和塑造社会现实。进行对话者关系与社会现实构建的分析,有助于深入理解对话的社会意义和文化内涵。社会符号学观点强调语言与社会文化之间的紧密联系。在话语中,对话者的语言使用受到其所处的社会文化环境的影响,同时他们也通过语言来传递和塑造社会文化价值观。因此,通过分析对话者的语言使用习惯和偏好,可以揭示其所处的社会文化背景及其对立场和情感动态的影响。其次,语境理论也为理解对话者关系提供了有力的支持。语境不仅包括物理环境和社会环境,还包括参与者的心理环境和认知环境。在对话中,参与者通过不断调整自己的语言使用来适应和协商语境,从而建立和维护彼此之间的关系。例如,通过使用礼貌用语或委婉表达来体现尊重和谦逊;通过共享知识和经验来增进理解和信任。因此,通过分析语境因素和对话者的语言策略,可以深入剖析对话者之间的关系以及他们如何通过语言构建和维护社会关系。

此外,话语还是一种社会现实构建的过程。通过对话,参与者共同塑造和解释社会现象、事件和价值观。他们通过语言的交流和互动,协商和确定对某一问题的共同理解和解释。在这个过程中,对话者的立场和情感动态起到了关键的作用。他们通过表达支持、反对、疑虑等立场,传递自己的价值观和态度,从而影响和塑造对话的内容和走向。同时,他们的情感表达也塑造了对话的氛围和互动方式,进一步影响了社会现实的构建过程。

为了更好地说明结话语立场分析的应用,可以选取一段典型的对话数据进行案例分析。该对话数据涉及两个参与者在讨论某个社会问题的过程中,通过语言表达各自的立场和情感动态。其基本分析过程如下:首先,根据语境理论,分析对话发生的具体情境和参与者之间的关系。通过对话内容,可以推断出参与者之间的社会地位和角色关系,以及他们所处的社会文化环境。这些信息为理解对话者的立场和情感动态提供了背景支持。接下来,运用元功能理论,分析对话者如何通过语言实现概念功能、人际功能和篇章功能。关注对话者使用的词汇选择、语法结构和句式变化等语言手段,以揭示其立场和情感动态。例如,通过分析对话者使用的强调词和修辞手法,可以推断出他们对某一问题的重视程度和态度倾向。此外,关注对话中的情感动态分析。通过分析对话者的语调变化、情感词汇和表达方式,可以识别出对话者情感的变化趋势,并理解情感与立场之间的互动关系。例如,当对话者表达愤怒或不满时,其立场可能更加坚定或激进;而当表达喜悦或满意时,其立场可能更加温和或支持。最后,结合系统功能语言学的社会符号学观点和语境理论,探讨对话者关系与社会现实构建的过程。通过分析对话者的语言使用习惯和偏好,以及他们如何通过语言协商和确定关系、地位和角色,可以深入理解对话的社会意义和文化内涵。同时,还可以探讨对话者如何通过语言表达和互动,共同构建和塑造社会现实的过程。

话语立场分析为提供了深入理解对话者立场和情感动态的有力工具。通过分析对话者的语言使用习惯和偏好、语境因素以及情感动态,可以揭示参与者之间的关系以及他们如何通过语言构建和维护社会关系。同时,对话作为一种社会现实构建的过程,也受到了对话者立场和情感动态的深刻影响。当然,即便是采取系统功能语言学理论,进行话语立场分析也面临着一定的挑战。对话数据的获取和处理是一个复杂而烦琐的过程,需要更多的技术和方法来提高数据的质量和可靠性。对话中的立场和情感表达往往具有主观性和模糊性,需要更加精细的分析和解释。此外,不同文化和社会背景下的对话可能存在差异和特殊性,需要更多的跨文化研究来拓展的理解。解决这一难题,需要可以引入更多的语言学理论和工具来丰富分析框架和方法;可以开展更大规模的数据分析和实证研究来验证和完善理论模型;还可以加强跨文化和跨领域的合作与交流,推动对话与立场分析在更多领域的应用和发展。

7.4　情感原因推理

情感是人类内心世界的重要组成部分,它反映了人们对外部世界的感知、评价和反应。在日常交流中,情感表达是信息传递的重要方式之一,它不仅传达了人们的情感和态度,还揭示了情感背后的动机和影响因素。因此,对情感原因进行深入推理,有助于更全面地理解情感的生成过程及其背后的社会文化意义。系统功能语言学强调语言的社会性和交际性,认为语言的使用是受到特定语境和社会文化因素影响的。结合此理论进行情感原因推理,可以揭示情感表达背后的社会文化动因和语境因素,从而更深入地理解情感生成的过程。

情感原因推理是指通过分析情感表达的原因和结果,推断出情感产生的动机和影响因素。在这个过程中,需要关注情感表达的语言形式、语境因素以及社会文化背景等方面。元功能理论可以帮助识别和分析情感表达的语言形式。情感表达通常通过词汇选择、语法结构和语调等手段来实现。通过分析这些语言形式,可以推断出情感表达的具体内容和强度,进而探讨其背后的原因。

语境理论强调了语言使用与特定语境之间的关系。语境包括物理环境、社会环境和心理环境等多个方面,它们共同构成了情感表达的背景。通过分析语境因素,可以理解情感表达在特定情境下的适应性和意义,从而推断出情感产生的原因。社会符号学观点揭示了语言与社会文化之间的紧密联系。情感表达作为一种语言现象,必然受到社会文化因素的影响。通过分析社会文化背景和价值观,可以理解情感表达的社会意义和文化内涵,进一步揭示情感产生的社会文化动因。

在系统功能语言学和评价理论的理论框架下进行情感原因推理时,可以采用一系列精细化的方法来解析和理解情感表达。这些方法不仅关注语言的具体形式,还探讨其背后的语境因素和社会文化背景,从而提供更为全面的情感分析。首先,分析情感表达的语言形式是理解情感的基础。这一过程涉及对词汇、语法和语调等语言手段的细致研究,以识别情感表达的具体内容及其强度。在词汇层面,情感的表达通常通过积极或消极的词汇来实现。例如,在描述某种体验时,使用"喜悦""幸福"等积极词汇可以传达一种正面的情感状态,而使用"沮丧""失望"等消极词汇则表达了负面的情感。语法结构也在情感表达中扮演重要角色。强调的语法结构,如使用加强词或重复句型,能够放大情感的表达效果,例如,"这真是太美妙了! 美妙得无法形容!"此种结构强调了情感的强烈程度。相对的,弱化的语法结构则能够缓解情感的表达强度,例如,"这还算不错。"在语调方面,情感的高亢或低沉的语调可以进一步反映情感的性质和强度。例如,语调的升高通常与兴奋或愤怒相关,而语调的降低则可能与悲伤或失落有关。因此,通过对这些语言形式的综合分析,可以较为准确地识别出情感的具体表现及其强度。其次,探讨情感表达的语境因素同样重要。情感的表达往往受到特定语境的影响,这些语境因素包括物理环境、社会环境和心理环境。在物理环境方面,情感表达可能会因为场所的不同而有所变化。例如,在正式的会议上,情感的表达可能会比较克制,而在朋友聚会上则可能更加放松和自然。在社会环境方面,情感的表达方式也会受到社交场合的影响。不同的社交场合,例如家庭聚会、职场会议或社交媒体互动,都会对情感表达产生不同的影响。在心理环境方面,个体的心理状态,如焦虑、兴奋或疲惫,也会显著影响其情感表达的方式。例如,一个人在焦虑状态下可能会表现出更多的情绪化言辞,而在平静状态下则可能更加理性和克制。因此,通过分析情感表达发生的具体语境,可以更好地理解情感表达的适应性和意义。最后,考察社会文化背景对情感表达的影响是理解情感表达的另一个重要方面。社会文化背景,包括社会文化价值观、信仰和习俗等因素,深刻影响着情感的表达方式。不同的文化背景下,人们对相同事件的情感反应可能会有所不同,这反映了文化对情感表达的塑造作用。例如,在某些文化中,公开表达情感被视为正常和鼓励的行为,而在其他文化中,情感表达则可能被认为是不合适或需要压抑的。因此,通过分析社会文化背景,可以揭示出情感表达的社会文化动因,并理解这些文化因素如何影响情感的产生和表达方式。通过系统功能语言学和评价理论的视角,结合对语言形式、语境因素和社会文化背景的全面分析,可以深入理解情感的原因及其表达方式。这种方法不仅关注情感的直接表现,还探索其背后的复杂因素,从而为情感分析提供了丰富的理论支持和实践指导。

为了更好地说明结合情感原因推理的应用,可以选取一段典型的对话或文本数据进行案例分析。通过对这段数据的深入分析,可以揭示情感表达背后的动机和影响因素。首先,运用系统功能语言学的元功能理论,分析文本中的情感表达语言形式。通过词汇选择、语法结构和语调等方面的分析,可以识别出文本中所表达的情感类型和强度。例如,文本中可能使用了表达愤怒、悲伤或喜悦等情感的词汇和句式。接着,结合语境理论,探讨情感表达在特定语境下的适应性和意义。分析文本发生的物理环境、社会环境和心理环境等方面,理解情感表达在特定情境下的产生和变化。例如,文本中的情感表达可能受到对话者的身份、关系以及交流目的等因素的影响。最后,运用社会符号学观点,考察社会文化背景对情感表达的影响。分析文本所反映的社会文化价值观、信仰和习俗等因素,揭示情感产生的社会文化动因。例如,文本中的情感表达可能体现了某种特定的文化观念或社会期望。通过以上分析,可以推断出文本中情感表达的原因和动机,从而更深入地理解情感生成的过程及其背后的社会文化意义。

情感原因推理不仅有助于深入理解情感的生成过程,还具有重要的实际意义和应用价值。在人际交往中,通过情感原因推理,可以更好地理解他人的情感状态和内心需求,从而建立更加和谐的人际关系。在心理咨询和辅导领域,情感原因推理可以帮助咨询师更好地了解客户的情感问题和困扰,提供更有效的支持和帮助。在文学创作、广告营销和新闻传播等领域,情感原因推理也具有重要的应用价值,可以帮助创作者更好地把握受众的情感需求和反应,提升作品或产品的吸引力和影响力。

结合系统功能语言学理论框架进行情感原因推理,为深入理解情感的生成过程提供了有力的支持。通过分析情感表达的语言形式、语境因素和社会文化背景等方面,可以揭示情感背后的动机和影响因素,从而更全面地理解情感的复杂性和多样性。然而,情感原因推理仍是一个复杂而具有挑战性的任务,需要在未来的研究中不断探索和完善。需要进一步拓展情感原因推理的理论框架。

也只有通过跨学科的融合与互补,才可以构建更加全面和深入的情感原因推理模型。需要加强情感原因推理的实证研究。通过收集和分析大量的真实对话和文本数据,可以验证和完善情感原因推理的模型和方法。同时,还可以探索不同文化和社会背景下情感表达的差异和共性,为跨文化交流和理解提供有力的支持。此外,情感原因推理还可以应用于更广泛的领域。例如,在人机交互领域,情感原因推理可以帮助机器更好地理解和回应人类的情感需求,提升人机交互的智能化水平。在情感分析和社交媒体监测中,情感原因推理可以帮助揭示公众对某些事件或话题的情感态度和反应,为政策制定和舆情应对提供科学依据。

结合系统功能语言学理论框架进行情感原因推理是一项具有重要意义和挑战性的任务。通过不断拓展理论框架、加强实证研究以及拓展应用领域,可以更深入地理解情感的生成过程,为实际应用提供更加准确和有效的支持。情感原因推理的研究也有助于推动人工智能和机器学习领域的发展。随着技术的不断进步,情感分析已经成为自然语言处理领域的一个重要研究方向。而情感原因推理作为情感分析的一个重要组成部分,其研究成果可以为机器提供更强大的情感理解能力,使其能够更好地模拟人类的情感表达和交流方式。此外,情感原因推理还可以为社会心理学、传播学、文化研究等领域提供新的研究视角和方法。通过深入分析情感表达的动机和影响因素,可以揭示社会文化现象背后的情感动力,进一步理解人类社会的运行机制和演变规律。

然而,也必须认识到情感原因推理的复杂性和局限性。情感是一个主观而多变的心理现象,其产生和变化受到多种因素的影响,包括个体的生理状态、心理特征、文化背景以及社会环境等。因此,在进行情感原因推理时,需要保持谨慎和客观的态度,充分考虑各种可能的影响因素,并结合实际情况进行综合分析。最后,期待未来有更多的学者和研究人员致力于情感原因推理的研究,通过不断探索和创新,推动这一领域的发展和应用。同时,也希望社会各界能够重视情感原因推理的重要性,为其提供更多的支持和资源,共同推动人类情感理解的进步和发展。

总的来说,结合系统功能语言学和其他自然语言处理技术进行情感分析,不仅可以充分利用语言学的深刻理解和阐释能力,而且能够发挥其他自然语言处理技术在模式识别和数据分析方面的独特优势,从而极大地提升情感分析的准确性和深度。这种跨学科的综合方法,为情感分析领域带来了全新的视角和富有成效的解决方案,尤其是在处理复杂多变的语言数据和微妙细腻的情感表达时,其效果更为显著。系统功能语言学作为一种关注语言使用和社会文化语境的理论框架,为情感分析提供了坚实的理论基础。它强调语言与社会文化之间的紧密联系,认为情感表达是受到特定语境和社会文化因素深刻影响的。通过运用系统功能语言学理论和方法,可以深入剖析情感表达背后的社会文化动因和语境因素,揭示情感产生的深层原因和动机。尽管语言理论在理解语言和社会文化方面有着独到的见解,但在处理大规模语言数据和自动化分析方面,其能力相对有限。这正是其他自然语言处理技术可以发挥作用的地方。自然语言处理技术,如深度学习、机器学习和数据挖掘等,具有强大的模式识别和数据处理能力,可以自动分析大量文本数据,提取情感特征,并进行分类和预测。

将语言理论和自然语言处理技术相结合,可以实现优势互补,提高情感分析的准确性和效率。一方面,语言理论可以帮助深入理解情感表达的深层含义和社会文化背景,为自然语言处理技术提供更有意义的特征和上下文信息;另一方面,自然语言处理技术可以自动处理和分析大规模语言数据,提取出有用的情感信息,并将其与理论框架相结合,形成更加全面和深入的情感分析结果。

这种跨学科的综合方法在处理复杂的语言数据和微妙的情感表达时尤为有效。复杂的语言数据往往包含丰富的社会文化背景和语境信息,需要综合运用语言学、心理学、社会学等多学科的知识进行分析。而微妙的情感表达则更加需要深入理解和体验,才能准确捕捉其内在含义和动机。结合语言理论和自然语言处理技术,可以更加全面和深入地分析这些复杂的语言现象,揭示情感表达背后的深层含义和影响因素。此外,这种跨学科的方法还有助于推动情感分析领域的发展和创新。随着技术的不断进步和数据的不断积累,情感分析面临着越来越多的挑战和机遇。结合语言理论和自然语言处理技术,可以不断探索新的情感分析方法和模型,提高分析的准确性和效率;同时,还可以将情感分析应用于更广泛的领域,如社交媒体监测、情感分析、人机交互等,为实际应用提供更有价值的支持。

综合本章内容,系统功能语言学与自然语言处理技术的融合,代表了一种极具潜力和前景的研究方向。这一整合不仅有助于充分利用系统功能语言学和自然语言处理技术各自的优势,提高情感分析的准确性和深度,同时也为情感分析领域带来了新的视角和解决方案,推动了该领域的不断发展和创新。系统功能语言学作为一种理论框架,强调语言在社会交流中的功能和用途。它关注语言形式与社会语境之间的关系,提供了丰富的工具来分析语言中的情感表达。这些工具包括对词汇选择、语法结构以及语调的分析,从而能够深入理解情感在不同语境下的表现和变化。系统功能语言学的核心在于其对语言功能的系统化分析,使得情感分析不仅限于表面上的词汇情感,还能够探讨更深层次的语义和功能关系。另一方面,自然语言处理技术在情感分析中的应用则提供了强大的计算能力和数据处理能力。通过机器学习和深度学习模型,自然语言处理技术能够高效地处理和分析大量文本数据,识别出情感倾向和情感强度。这些技术可以自动化地从海量数据中提取情感信息,从而大大提高情感分析的速度和规模。然而,自然语言处理技术在情感分析中的挑战在于其对上下文和语境的理解能力,往往依赖于大量的标注数据和训练,难以完全捕捉到情感表达的细微差异。

因此,将系统功能语言学与自然语言处理技术结合,可以弥补两者各自的不足,提升情感分析的整体效果。系统功能语言学提供的理论框架能够帮助自然语言处理模型更好地理解和解释语言中的情感信息,使得模型在处理复杂的情感表达时更具深度和准确性。例如,通过将系统功能语言学理论中的功能分析与自然语言处理技术中的语义分析相结合,可以在文本中更精准地识别出情感的细微差别,同时提高对不同语境下情感表达的适应性和准确性。此外,系统功能语言学的系统化分析方法可以为自然语言处理技术提供有效的特征工程方法,增强模型对语言功能的敏感性和理解能力。

这一融合研究方向的潜力在于它不仅能够提高现有情感分析工具的性能,还能够推动情感分析技术的创新和发展。例如,通过引入系统功能语言学的理论视角,可以开发出更为精细的情感分析模型,这些模型能够处理更复杂的情感表达,并提供更具深度的情感理解。同时,这种融合也能够促进跨学科的研究合作,为情感分析领域带来新的理论支持和实践应用。将系统功能语言学与自然语言处理技术相结合进行情感分析,是一种具有广阔前景和实际应用价值的研究方向。这一融合不仅能够提高情感分析的准确性和深度,还能够为该领域的发展和创新提供新的视角和解决方案,推动情感分析技术向更高水平迈进。

第8章 结语与讨论

系统功能语言学作为一种深入探索语言使用和功能的理论框架,近年来在情感分析领域展现出了其独特的价值和优势。情感作为语言现象具有周遍性。情感分析作为自然语言处理的一个关键分支,旨在识别、提取和分析文本中的情感信息,作为语言研究对象,需要从理论语言学角度进行充分、周遍和深入的描述。系统功能语言学通过其独特的视角和方法,为情感分析提供了丰富的理论支撑和实践指导。

我们认为,同一些语言研究一样,在情感分析中,语境的理解是至关重要的。情感往往不是孤立存在的,而是受到文化、社会背景和具体情境等多种因素的影响。系统功能语言学强调语言与语境的紧密关系,认为语言是在特定语境中使用的,而情感则是语境中的一个重要组成部分。因此,通过系统功能语言学的应用,研究者能够更深入地理解情感表达的语境,从而更准确地识别和分类情感。例如,在不同的文化背景下,同一句话可能表达完全不同的情感。系统功能语言学的理论框架帮助分析者识别这些文化差异,避免在情感分析中出现误解或偏见。同时,通过对社会背景和具体情境的分析,系统功能语言学还能够帮助理解情感表达的动态性和变化性,从而更全面地把握情感信息的内涵和外延。

从系统功能语言学看,大多数情况下,情感可以归入人际元功能的研究范畴。这时,评价理论就显得非常重要。评价性语言是情感表达的核心组成部分,它反映了说话者或作者对某一事物或事件的态度和立场。评价理论还为情感分析提供了一种有效的工具,能够精准地识别和分析文本中的评价性语言。通过评价理论,可以识别出文本中的情感词汇、情感修饰语以及情感立场等关键信息,从而揭示说话者或作者的情感态度和倾向。这种精准化的评价性语言分析有助于更深入地理解文本的情感色彩和情感强度,为情感分类和情感极性判断提供有力的支持。值得一提的,评价理论体系完备,目前其底层关注仍然在词汇部分,因此是最容易替代心理范式上建立的各类情感词典的。不仅如此,情感词典还把强度和分析两个体系纳入探讨范围,为情感极性分析提供了更多参考和启发。

互文性是系统功能语言学中的一个重要概念,它强调文本与其他文本之间的关系和联系。在情感分析中,互文性对于理解情感表达的连贯性和一致性具有重要意义。通过系统功能语言学的互文性分析,研究者可以识别出文本中引用、借鉴或与其他文本产生关联的部分,从而理解这些互文性连接如何影响情感表达。这种分析有助于揭示情感表达的深层结构和内在逻辑,进一步加深对情感信息的理解。

同时,系统功能语言学为情感分析提供了一套多维度、多层次的分析工具,允许研究者从词汇、语法、篇章结构等多个角度对情感表达进行全面分析。这种多层次分析的方法有助于构建更全面的情感分析框架,避免单一维度分析的局限性。在词汇层面,系统功能语言学关注情感词汇的选择和使用,揭示词汇背后的情感意义和内涵。在语法层面,系统功能语言学分析情感表达的句式结构和语法功能,揭示情感表达的语法特征和规律。在篇章结构层面,系统功能语言学考察情感表达在文本中的分布和组织,揭示情感信息的整体结构和逻辑关系。这种多层次的分析方法使得能够更全面地把握情感信息的各个方面,提高情感分析的准确性和可靠性。

结合系统功能语言学的理论和方法,研究者能够更细致地对情感进行分类。系统功能语言学不仅关注情感的极性(积极或消极),还关注情感的强度、复杂性和微妙差异。这种细致化的情感分类有助于更深入地理解情感表达的多样性和复杂性。例如,在社交媒体文本分析中,系统功能语言学可以帮助区分不同用户对同一事件的不同情感态度和立场,揭示他们之间的情感差异和共识。在产品评论分析中,系统功能语言学可以帮助识别消费者对产品的不同情感评价和反馈,为企业改进产品和服务提供有价值的参考。

系统功能语言学在情感分析中的应用还促进了话语分析的引入。情感分析往往受到社会文化因素的影响,而这些因素如何塑造情感的表达和理解是一个重要的问题。通过建立在系统功能语言学的话语分析视角,研究者能够审视情感分析结果背后的社会文化因素,避免过度简化或刻板化的解释。同时,话语分析,尤其是批评话语分析也提醒在情感分析中保持谨慎和客观的态度。情感表达具有主观性和复杂性,即使是经过训练的分析者也可能存在解读偏差或主观倾向。因此,需要结合实际情况对分析结果进行合理解读和应用,避免过度解读或误导性结论。

尽管系统功能语言学在情感分析中取得了一定的成果,但也面临着一些挑战和局限性。这促使了研究者对现有模型进行持续改进和结合其他技术的努力。一方面,自动化分析的局限性使得系统功能语言学在情感分析中的应用仍需要人工干预和专业知识。未来研究可以探索如何结合深度学习、自然语言处理等先进技术,提高系统功能语言学模型的自动化程度和准确性。另一方面,对于细微情感差异的捕捉仍是系统功能语言学面临的一个挑战。由于情感表达的复杂性和主观性,即使是经验丰富的分析者也可能难以完全捕捉和区分细微的情感差异。因此,未来研究可以进一步探索如何结合系统功能语言学与其他语言学理论或心理学理论,以更全面地理解和分析情感表达的细微之处。

此外,随着数据规模的不断扩大和情感分析任务的复杂化,系统功能语言学模型也需要适应这种变化,进行持续的优化和更新。这包括处理大规模数据集的能力提升、跨领域和跨语言的情感分析模型的开发,以及对于新型情感表达形式的识别和理解。在实际应用中,系统功能语言学情感分析模型还需要考虑实时性和效率的问题。在社交媒体监控、市场情感分析等领域,对于情感分析的响应速度和处理效率有着很高的要求。因此,如何在保持分析准确性的同时提高处理速度,也是未来研究的一个重要方向。同时,系统功能语言学情感分析的应用也需要注意隐私和伦理问题。在处理个人或敏感信息时,必须遵守相关的隐私保护规定,确保数据的安全性和合规性。此外,对于情感分析结果的解释和应用也需要谨慎,避免对个体或群体造成不必要的误解或伤害。

系统功能语言学在情感分析中的应用成果丰硕,不仅深化了对语境和评价性语言的理解,还提高了情感分类的细致化和准确性。系统功能语言学在情感分析中的应用还可以进一步拓展到其他领域和场景。例如,在教育领域,系统功能语言学情感分析可以用于评估学生的学习态度和情感变化,为教师提供更个性化的教学建议。在医疗领域,系统功能语言学情感分析可以帮助医生识别和理解患者的情感状态和需求,从而提供更贴心的医疗服务。在商业领域,系统功能语言学情感分析可以用于品牌声誉管理、消费者行为分析等任务,为企业决策提供有力支持。随着技术的不断进步和理论的不断完善,相信系统功能语言学在情感分析领域的应用将会更加广泛和深入,为提供更多有价值的洞察和发现。同时,也需要保持对新技术和新方法的关注和探索,不断推动情感分析领域的发展和创新。

8.1 比 较 优 势

在情感分析领域,传统自然语言处理方法与系统功能语言学方法各有其独特的优势与局限。传统方法包括基于情感词典的方法、基于机器学习的方法以及基于深度学习的方法,它们在情感分析中展现了各自的优点,同时也存在一些不可忽视的局限性。而系统功能语言学方法则以其对语言功能的深刻理解和系统化的分析为特点,与传统方法形成互补。

传统的情感分析方法具有多方面的优点。首先,基于情感词典的方法以其简单直接和易于实现著称。这种方法主要依赖于预先构建的情感词典,通过对文本中情感词汇的查找和分析来判断整体情感倾向。这种方法的实施速度较快,对资源的需求也相对较低,尤其适合处理那些词汇情感极性明确的文本。例如,当我们使用一个包含大量正面和负面词汇的情感词典时,可以迅速分析出文本的情感倾向。然而,这种方法的准确性受到情感词典质量的限制,词典的覆盖范围和更新频率直接影响分析结果的可靠性。

其次,基于机器学习的方法在情感分析中展现了高效的特性。机器学习技术通过训练模型来学习文本特征与情感标签之间的映射关系,从而能够处理大量的数据,并在有监督的学习任务中表现出色。例如,通过支持向量机(SVM)或随机森林(RF)等算法训练的情感分析模型,可以高效地从大规模数据中识别情感模式。机器学习方法的优势在于其自动发现文本中的复杂模式和关联,能够提高情感分析的准确性和效率。然而,这种方法对标注数据的依赖性较强,模型的性能与训练数据的质量密切相关。

再者,深度学习方法在情感分析中展现了强大的能力。深度学习技术,如卷积神经网络(CNN)和循环神经网络(RNN),能够自动从原始文本中学习并提取特征,而无需人工设计特征工程。例如,RNN 能够捕捉文本中的时序依赖关系,CNN 则能够识别局部特征,这使得深度学习模型在处理复杂的语言结构和语义关系时具有明显的优势。深度学习模型通过层次化的表示学习来捕捉文本中的深层信息,从而进一步提高情感分析的准确性。然而,这种方法的计算资源需求较大,需要高性能的硬件设备和长时间的训练过程。

然而,传统情感分析方法也存在一些显著的局限性。基于情感词典的方法的局限在于其对词典质量的高度依赖。构建情感词典是一项烦琐且复杂的任务,需要大量的人工标注和情感极性确定。由于语言的多样性和复杂性,情感词典往往无法全面覆盖所有的表达方式,尤其是新兴的网络词汇和特定领域的专业词汇。此外,情感词典的更新也是一个持续的挑战,随着语言的演变和新词语的出现,词典可能会出现过时的情况,从而影响情感分析的准确性。

基于机器学习的方法虽然高效,但也面临着依赖大量标注数据的挑战。标注数据的收集和标注过程通常耗费大量人力和时间,并且数据质量对模型性能至关重要。如果标注数据存在错误或不一致性,模型的训练效果将受到影响。此外,基于机器学习的方法往往关注文本中的局部特征,可能忽略文本的整体结构和上下文信息,这使得在处理复杂文本结构和语境时可能出现性能不足的情况。

基于深度学习的方法在计算资源的消耗方面也是一个不容忽视的问题。构建和训练复杂的神经网络模型需要大量的计算资源和时间,可能导致高昂的成本。此外,深度学习模型的过拟合问题也需要引起关注,过于复杂的模型在训练数据上表现良好,但可能在测试数据上性能下降。同时,深度学习模型的可解释性差,使得模型的预测过程难以直观理解,这在需要解释性结果的场景中可能会造成限制。

总体而言,将系统功能语言学与传统自然语言处理技术相结合,可以充分发挥各自的优势,弥补其局限性,为情感分析领域带来新的发展机遇。这种融合不仅能够提升情感分析的准确性和深度,还能够推动该领域的创新和应用发展。以系统功能语言学为基础的新情感分析模型,关注语言的结构和形式,强调语言在社会和文化背景中的功能。这种综合性的视角也能使得其在情感分析任务中能够更准确地捕捉和理解文本中的情感表达。

该模型一个显著优点是它充分考虑了语境信息在情感分析中的重要性。在系统功能语言学看来,语言的使用是受到特定情境和社会文化背景的深刻影响的。因此,在进行情感分析时,有效的模型不仅关注文本本身的词汇和语法结构,还注重分析这些文本是如何在特定情境中产生和理解的。这种对语境的敏感性使得系统功能语言学方法能够更准确地捕捉和理解文本中的情感表达。例如,同一句话在不同的语境下可能表达完全不同的情感。通过考虑语境信息,该模型能够避免将文本孤立地看待,从而更准确地揭示文本中的情感倾向。此外,系统功能语言学还强调语境的动态性,即语境是在交际过程中不断构建和变化的。这种动态性的考虑使得系统功能语言学方法能够更好地应对实际情感分析任务中的复杂性,如对话中的情感转换、情境变化对情感表达的影响等。

该模型的另一个优点是它设计应用了从词汇到句子结构再到整个篇章的多层次分析框架。这种多层次的分析方法使得系统功能语言学能够揭示文本中更丰富、更细微的情感信息。在词汇层面,模型关注词汇的选择和搭配,通过分析词汇的褒贬义和隐喻含义来推断文本的情感倾向。在句子结构层面,模型设计分析句子的语气、主被动语态、信息焦点等特征,以揭示句子所表达的情感态度和立场。在篇章层面,系统功能语言学则关注文本的整体结构和逻辑关系,通过分析段落之间的连贯性和主题发展来把握文本的整体情感走向。通过这种多层次的分析,该模型能够更全面地理解文本中的情感表达,避免只关注某一层面而忽略其他重要信息。同时,这种分析方法也有助于发现文本中潜在的情感冲突和复杂性,从而提供更深入的情感分析结果。

该模型的第三个优点是它具有强大的互文性分析能力。互文性是指文本与其他文本之间的关系和联系,包括引用、模仿、对话等形式。在情感分析中,互文性分析对于理解情感的来源、发展和演变具有重要意义。模型通过关注文本与其他文本的关系,能够揭示情感表达的历史脉络和文化背景。例如,通过分析文本中的引用和模仿,可以追溯情感表达的源头和演变过程;通过比较不同文本之间的情感表达方式和特点,可以揭示情感表达的社会文化差异和共性。这种互文性分析能力使得系统功能语言学方法能够在更广阔的社会文化背景下理解文本中的情感表达,提供更全面、更深入的情感分析结果。同时,它也有助于发现文本中潜在的情感隐喻和象征意义,从而揭示情感表达的深层含义。

综上所述,新的情感分析模型在情感分析中展现出了其独特的优势。通过考虑语境信息、提供多层次分析框架以及具有强大的互文性分析能力,该模型能够更准确地捕捉和理解文本中的情感表达。这些优点彰显了系统功能语言学在情感分析领域具有广泛的应用前景和潜力。

由于本研究属于路径研究,故而新的情感分析模型迄今为止尚未全面展开训练,是依照系统功能语言学理论,参照自然语言处理方法进行设计和论证的理想模型。因而需要进行进一步论证和细化。模型在设计过程中,强调对语境的深入理解和评价性语言的准确识别,这在一定程度上增加了分析的主观性。由于分析者个人对语境的理解、对评价性语言的判断以及对语言功能的解读都可能存在差异,因此,不同的分析者在对同一文本进行系统功能语言学分析时,可能会得出不同的情感分析结果。这种主观性不仅影响了分析的准确性,也降低了系统功能语言学方法在情感分析中的可靠性和一致性。

此外,模型的很多环节都是需要人工进行的,而人工分析往往受到个人经验、知识和情感状态等多种因素的影响。这些因素可能导致分析者在分析过程中产生偏见或误判,从而影响情感分析的结果。因此,如何降低模型在实际操作中的主观性,提高分析的准确性和一致性,是一个重要挑战。

同时,由于本书的方法,主要建立在理论语言学基础上,所以构建的模型,相较于传统的自然语言处理方法,在自动化方面的发展相对滞后。传统的自然语言处理方法已经发展出了大量的自动化工具和模型,能够高效地处理大规模数据集,并实现快速的情感分析。然而,系统功能语言学和其他理论语言学一样,由于其理论深度和复杂性,对自动化工具和模型缺乏论述,故此造成一定的设计困难。尽管基于系统功能语言学的情感分析模型被开发出来,但其在处理大规模数据集时的实际效果还需要现实检验。而且虽然系统功能语言学宣称是适用语言学,但在与大语言模型结合进行自然语言处理上,可供遵循的框架并不多,因而模型适用性还需谨慎存疑。例如,模型可能无法准确识别复杂语境中的评价性语言,或者无法有效处理多语种、多领域的文本数据。这种低自动化程度不仅限制了系统功能语言学方法在情感分析中的应用范围,也增加了其在实践中的操作难度和成本。

专业的系统功能语言学分析工具和资源的匮乏也是制约其在情感分析中应用的一个重要因素。正如第 2 章所述,相较于其他自然语言处理方法,系统功能语言学方法的研究和应用相对较少,因此相关的工具和资源也相对较少。这使得本书在设计新的情感分析模型时,不得不采取多种工具,这些工具显然并非语言学工具,并不十分合适。然而,作为语言研究者,自行开发或定制工具,这不仅增加了研究的难度和成本,也限制了系统功能语言学方法的普及和推广。即使有一些可用的其他专业的语言分析工具,这些工具往往也需要使用者具备一定的系统功能语言学专业知识和分析能力。这使得非专业的研究者或实践者在使用这些工具时可能会感到困难或无从下手。因此,如何开发更多易于使用的系统功能语言学分析工具,并提供相应的培训和支持,是系统功能语言学在情感分析领域需要进一步努力的方向。

综上,传统自然语言处理方法和新的情感分析模型是不同的概念,底层逻辑大不相同,方法设计和路径也不尽相同。传统自然语言处理方法进行情感分析,主要是基于统计和概率,更侧重于效率和数据处理能力,适用于需要快速响应的场景,对于显性情感和简单情感的识别和分析优势明显,缺点在于过于依赖极性分析,失之简化和肤浅;而基于系统功能语言学的新模型则更注重语境和细节的精确分析,适用于需要深入理解文本情感和动机的场景,对于负面情感和隐式情感具有优势,缺点在于没有成熟的量化工具、对主观判断的需求增加了不确定性及对语料和标注数据集的极端苛求。在选择分析方法时,需要根据具体的应用场景和分析目的来权衡这两种方法的优缺点,选择最适合的方法来进行情感分析。

8.2 讨 论

语言是人类交流的工具,其丰富性、复杂性和多变性为情感分析带来了巨大挑战。一方面,语言的表达方式极其丰富,除了直白的陈述外,还包括隐喻、反讽、双关等多种修辞手法。这些非直白的表达方式使得文本情感的准确识别变得困难。例如,一句带有反讽意味的评论可能让情感分析系统误解为真实的情感表达。另一方面,语言的多变性也增加了情感分析的难度。不同的词语、句式和语气都可能表达相同的情感,而同一词语在不同的语境下也可能表达不同的情感。因此,如何准确捕捉和理解文本中的情感信息,是情感分析领域面临的重要挑战。

在机器学习和深度学习方法中,标注数据是模型训练和性能优化的关键。然而,高质量的情感标注数据往往难以获得。这主要是因为情感标注具有较大的主观性,不同的标注者可能对同一文本产生不同的情感判断。此外,情感标注需要具备一定的语言知识和分析能力,这使得标注工作的门槛较高。另外,对于低资源语言或特定领域的情感分析任务,由于缺乏足够的训练数据,模型的性能往往受到限制。因此,如何获取高质量、大规模的标注数据,以及如何利用有限的标注数据进行有效的模型训练,是情感分析领域亟待解决的问题。

情感表达与文化和语境密切相关。不同的文化和社会背景可能导致人们在情感表达上存在差异。例如,某些词语或表达方式在某些文化中可能被视为积极的情感表达,而在其他文化中则可能被视为消极的表达。此外,语境的变化也会影响情感的解读。同一词语在不同的上下文中可能表达不同的情感。因此,构建跨文化通用的情感分析模型是一个具有挑战性的任务。为了解决这个问题,研究者需要深入了解不同文化背景下的情感表达方式,并在模型设计中充分考虑语境信息。

在情感分析任务中,往往需要对文本的情感进行细致的分类和判断。然而,现有的情感分析模型往往只能区分粗粒度的情感类别,如正面、负面和中性。这种粗粒度的情感分类无法满足实际应用中对于更细致情感表达的需求。虽然系统功能语言学理论有助于理解情感的细微差异,但在实际操作中捕捉这些细微差异仍然具有挑战性。因此,如何构建能够捕捉细粒度情感的模型,是情感分析领域的一个重要研究方向。

系统功能语言学方法强调对语境和细节的精确分析,但这也带来了技术和工具方面的限制。首先,系统功能语言学分析需要专业的语言学知识和分析技能,这使得非专业人士难以有效使用相关工具。其次,现有的系统功能语言学分析工具往往功能有限,无法完全满足复杂情感分析的需求。此外,这些工具的自动化程度较低,难以处理大规模数据集。相比之下,传统自然语言处理方法在技术和工具方面更为成熟,但可能无法充分捕捉语言的功能性和评价性。因此,在情感分析任务中,如何结合系统功能语言学和传统自然语言处理方法的优势,开发更加高效、准确的情感分析工具,是一个值得研究的问题。

深度学习方法在情感分析领域取得了显著成果,但这类方法通常需要大量的计算资源。对于许多研究机构和研究人员来说,获取足够的计算资源可能是一个限制因素。此外,随着模型规模和复杂度的不断增加,训练时间和成本也在上升。这使得深度学习在情感分析领域的应用受到一定程度的限制。相比之下,系统功能语言学方法虽然对计算资源的要求较低,但在开发和优化相关工具上可能需要更多的投入。因此,在资源有限的情况下,如何平衡模型的性能和计算成本,是情感分析领域需要面对的挑战。

情感分析涉及处理个人数据和隐私信息,这引发了伦理和隐私方面的担忧。在收集和分析用户生成的数据时,必须遵守相关法律法规和隐私政策。此外,如何确保情感分析系统的公正性和透明性,避免偏见和歧视,也是研究和实践中需要认真考虑的问题。为了解决这些问题,研究者需要在数据收集、处理和使用过程中严格遵守隐私保护原则,并采取措施确保模型的公正性和透明性。

因此,情感分析面临的挑战和限制是多方面的。为了克服这些挑战,需要跨学科的合作和不断的技术创新。通过深入研究语言的复杂性和多样性、改进标注数据的获取和处理方法、考虑文化和语境的差异、捕捉细粒度情感、优化技术和工具、平衡计算资源需求以及关注伦理和隐私问题,可以逐步推动情感分析领域的发展,为实际应用提供更加准确、高效和可靠的情感分析解决方案。

针对情感分析领域面临的挑战和局限性,可以通过一系列有针对性的解决方案和改进建议来推动其发展,从而提升分析的准确性和可靠性。首先,对于数据标注中的质量和多样性问题,可以采取综合措施来优化标注过程。加强标注者的培训是关键一步。通过对标注者进行专业化的培训,不仅可以使其深入理解情感分析任务的复杂性,还能够熟悉不同文化和语境下的情感表达方式。例如,标注者应掌握如何识别和处理不同文化背景下的情感词汇及其使用习惯,从而提高标注数据的一致性和准确性。此外,培训还应涵盖情感分析的最新理论和技术,以便标注者能够跟上领域内的前沿发展。

引入众包机制是另一种有效的策略。通过众包平台,可以吸引更多具有不同背景和专业知识的人员参与标注工作,这不仅有助于增加标注数据的数量,还可以引入多样化的观点和解读,进一步提升标注的全面性和代表性。例如,利用众包平台进行标注工作,可以从不同地域、文化和专业领域的参与者那里获取更广泛的情感表达数据,从而构建更具代表性的情感分析数据集。

构建跨文化和多语言的数据集也是解决文化和语境差异问题的重要手段。积极收集和构建跨文化和多语言的情感分析数据集,可以涵盖更广泛的情感表达方式和语境背景,进而提升情感分析模型的泛化能力。例如,在全球化背景下,不同语言和文化背景下的情感表达可能存在显著差异,通过多语言数据集的构建,可以提高模型在多种语言环境中的适应性和准确性。

在提升情感分析性能方面,结合多种自然语言处理技术和方法至关重要。将传统自然语言处理方法与系统功能语言学理论相结合,能够发挥各自的优势,从而提升情感分析的准确性。传统自然语言处理方法在处理大规模文本数据方面表现优异,而系统功能语言学则擅长分析语言的功能和语境。通过初步利用传统自然语言处理方法进行情感分类,再结合系统功能语言学理论对结果进行细化和修正,可以使情感分析结果更为精准。例如,传统自然语言处理方法可以用于大规模的情感分类任务,而系统功能语言学理论可以帮助分析文本中的细微语境和功能特征,从而提高分析的深度和准确性。

引入深度学习技术也是提升情感分析性能的重要方向。深度学习技术在特征提取和模式识别方面具有强大的能力,可以自动从文本中学习和提取复杂的特征和情感模式。例如,卷积神经网络(CNN)能够识别文本中的局部特征,而循环神经网络(RNN)可以捕捉文本的时序依赖关系。这使得深度学习模型在处理复杂语言结构和语义关系时表现突出。此外,深度学习技术的层次化表示学习可以进一步提升情感分析的准确性,通过自动学习和提取深层信息来捕捉文本中的细微情感差异。

探索多模态情感分析也是一个值得关注的方向。除了文本数据,音频、视频等多模态数据中也包含了丰富的情感信息。通过结合多模态数据进行情感分析,可以更全面地捕捉和分析情感。例如,通过将文本与音频中的语音语调、视频中的面部表情等信息相结合,可以提高情感分析的全面性和准确性,从而获得更为准确的情感评估结果。

针对细粒度情感分析的挑战,可以采取一系列措施以提高分析的精细度。研究新的情感表示方法是其中之一。传统的情感分类方法通常只能区分较为粗略的情感类别,而新的情感表示方法,如基于情感词汇的情感强度表示或基于情感词典的情感向量表示,可以帮助捕捉更细微的情感差异。例如,通过引入情感强度的连续值表示,可以更准确地反映情感的强弱程度,从而提高细粒度情感分析的效果。

利用上下文信息也是提升情感分析准确性的重要策略。情感表达往往与上下文密切相关,通过利用上下文信息来增强情感分析的准确性。例如,在分析一段话的情感时,可以结合句子或段落的结构和语义信息来推断整体的情感倾向,从而更全面地理解文本中的情感内容。

开发专门的细粒度情感分析模型也是解决该挑战的重要措施。这些模型可以基于深度学习、自然语言处理或机器学习技术,结合特定的算法和结构,专注于捕捉细微的情感差异。例如,开发基于深度学习的情感分析模型,可以在特征学习和模式识别方面表现优异,从而更准确地识别文本中的细微情感变化。

在计算资源有限的情况下,优化算法和模型结构也是至关重要的。设计轻量级模型可以在计算资源受限的环境中有效运行,通过减少模型的参数数量和计算复杂度,实现性能和资源消耗的平衡。例如,通过采用简化的模型结构和高效的算法,可以在保持良好性能的同时,降低计算和存储需求。

在处理伦理和隐私保护问题时,需严格遵守相关原则,确保用户数据的安全和保密。例如,采用匿名化和加密技术来保护用户隐私,防止数据泄露。此外,为了提高情感分析系统的可信度和可接受度,建立透明和可解释的模型也是必要的。模型的设计和实现应清晰明了,其决策过程应能够被用户理解和接受,从而增强系统的透明性和用户的信任感。

　　最后,跨学科合作和知识共享也是推动情感分析领域发展的重要途径。情感分析涉及语言学、心理学、计算机科学等多个学科的知识,通过促进这些学科之间的合作与交流,可以共同研究和解决情感分析中的挑战和问题。此外,建立开放的知识共享平台,鼓励研究者和开发者共享工具、数据集、算法和研究成果,可以加速技术进步和应用推广,从而推动情感分析领域的创新和发展。

　　综上,针对情感分析中的挑战和限制,可以从数据标注、技术融合、细粒度分析、计算资源优化、伦理隐私保护及跨学科合作等方面提出综合的解决方案和改进建议。通过综合运用这些措施,可以推动情感分析领域的发展,提高分析的准确性和可靠性,为实际应用提供更加准确和有效的情感分析解决方案。这些建议虽然有助于推动领域发展,但需要持续的研究和实验来验证其有效性,并根据实际应用场景进行调整和优化。保持开放的态度,积极接受新的思想和方法,也是不断推动情感分析领域创新的关键。

8.3　建　　议

　　情感分析作为自然语言处理领域的一个重要研究方向,已经取得了显著的进展。然而,随着技术的不断进步和应用场景的不断拓展,该领域仍面临诸多挑战和未知领域。本文提出了若干未来的研究议题,以期推动情感分析领域的深入发展和应用拓展。首先,跨文化情感分析是未来研究的重要方向之一。情感表达在不同文化背景下存在显著差异,这要求我们构建能够适应不同文化背景的情感分析模型。为了有效处理全球化数据和多语言环境,需要量化和理解文化差异对情感表达的影响。这涉及如何结合语言学、文化学和社会学等多学科的知识,构建更为精准和泛化的跨文化情感分析模型。例如,通过融合不同文化背景的情感词汇和表达方式,可以更好地捕捉和解析全球范围内的情感数据。此外,利用迁移学习和领域适应技术也可以提高模型在不同文化背景下的性能表现,进一步增强情感分析模型的适用性和准确性。

　　其次,细粒度情感识别是当前情感分析中的一个重要课题。现有研究大多集中在粗粒度的情感分类上,如积极、消极等。然而,实际应用中常需要更为细致的情感信息来指导决策和行动。因此,未来的研究应重点关注细粒度情感识别,包括如何识别和分类细致的情感类别,例如区分不同的悲伤、愤怒或喜悦的细微表达。为实现这一目标,可以利用深度学习和自然语言处理技术提取和表示更细致的情感特征。例如,深度学习模型可以通过层次化特征学习,捕捉文本中的细微情感差异。同时,结合心理学和认知科学领域的知识,深入理解情感的内在机制和表达方式,也为细粒度情感识别提供了重要的理论支持。

　　情感的动态特性也要求我们关注情感的演化和追踪。情感作为一个动态变化的过程,会随着时间、环境和个人状态的变化而发生变化。因此,未来的研究应关注如何分析情感随时间的变化和演化,以及情感状态之间的转换关系。具体而言,可以构建时间序列模型或动态网络模型,捕捉和表示情感状态的动态变化。例如,通过分析情感数据的时间序列特征,可以预测未来的情感趋势或行为模式,为实际应用提供有价值的参考。此外,情感演化的信息可以用于个性化服务,如根据情感变化调整推荐系统或干预措施,从而提高服务的准确性和有效性。

未来的研究还应关注情感与其他语言现象的关系。情感作为语言的一种重要表达形式,与认知、态度、社会身份等语言现象之间存在着密切的关系。例如,研究情感如何影响人们的注意力、记忆和决策等认知功能,可以揭示情感在认知过程中的作用。同时,情感与社会心理因素,如态度和价值观之间的关系,也值得深入探讨。情感在社交互动和身份构建中的作用,进一步说明了情感分析在理解和解释语言现象中的重要性。

情感分析的应用扩展也是未来研究的重要方向。尽管情感分析已在社交媒体分析、产品评论挖掘等领域取得了广泛应用,但随着技术的进步和应用场景的拓展,还需要探索新的应用领域。例如,未来的研究可以关注情感分析在心理健康监测中的应用,通过分析个体的情感状态来预测和识别心理问题或疾病。同时,情感分析在消费者行为分析中的应用也值得关注,通过挖掘消费者的情感倾向来指导产品设计和营销策略。此外,情感分析在公共政策评估、舆情监测、教育评估等领域也展现出广阔的应用前景。

在模型和算法的创新方面,当前情感分析模型往往依赖大量的标注数据和复杂的特征工程。然而,标注数据的获取往往成本高昂且耗时。因此,未来的研究应关注如何在减少标注数据依赖的同时提高模型性能。例如,可以探索半监督学习、无监督学习和主动学习等新型模型和算法,以有效利用未标注数据或少量标注数据。此外,对模型结构和参数的优化也有助于提高模型的泛化能力和鲁棒性,从而增强模型在实际应用中的表现。

情感分析的可解释性和可靠性问题也日益凸显。为了增强用户对结果的信任度和满意度,未来的研究需要关注如何提高情感分析模型的可解释性和可靠性。具体而言,可以探索如何设计透明和可解释的模型结构,使得模型的决策过程能够被用户理解和接受。同时,评估模型的稳定性和可靠性,进行校准和调优,也是提高模型在实际应用中性能的重要步骤。

伦理和隐私问题是情感分析研究中的重要议题。情感分析涉及对个人情感状态的解读和分析,因此必须关注如何在保护个人隐私的同时有效地利用数据进行情感分析。未来的研究可以探索符合伦理规范的数据收集和使用机制,确保用户数据的匿名性和安全性。此外,建立透明的数据共享和使用政策,也是促进情感分析领域合作与发展的关键。

未来情感分析研究的议题包括跨文化情感分析、细粒度情感识别、情感演化和追踪、情感与其他语言现象的关系、情感分析的应用扩展、模型和算法的创新、情感分析的可解释性和可靠性以及伦理和隐私问题的深入研究等多个方面。这些研究议题的探讨将有助于推动情感分析领域的深入发展和应用拓展,为解决实际问题和满足社会需求提供有力的技术支持。

8.4 泛化潜力

系统功能语言学作为一种独特且深刻的语言学理论框架,近年来在情感分析和自然语言处理领域引起了广泛关注。其关注语言与社会、文化、认知之间的关系,为理解和分析文本中的情感表达提供了有力的工具。随着技术的进步和理论的不断完善,系统功能语言学在情感分析及更广泛的自然语言处理领域的潜力愈加明显。本文将探讨系统功能语言学在这两个领域中的发展潜力，并讨论其面临的挑战与机遇。

　　系统功能语言学在情感分析中的潜力主要体现在以下几个方面。首先，深化语境理解是其显著优势之一。情感表达通常紧密依赖于特定的语境，而系统功能语言学强调语言的社会和文化背景，注重语境在情感表达中的作用。这种方法有助于更全面地理解情感背后的社会文化因素，从而提升情感分析的准确性和可靠性。随着系统功能语言学理论的进一步发展，情感分析将能够更好地捕捉和利用上下文信息，实现更为精细化的情感分析。例如，通过分析文本中的隐喻、修辞和语用策略，系统功能语言学能够识别出细微的情感变化和社会意义，从而提升情感分析的精度。其次，系统功能语言学为细粒度情感分析提供了理论支持。当前大多数情感分析研究停留在粗粒度的分类层面，如简单的积极或消极分类。然而，实际应用中往往需要识别更为细致的情感信息，以便为决策提供更为精准的依据。系统功能语言学注重语言中的细微差别和评价性表达，为细粒度情感分析提供了扎实的理论基础。例如，通过分析文本中的情感评价词、情感隐喻和评价策略，系统功能语言学能够识别出更为复杂和细致的情感类别。结合这一理论，可以开发更加精细的情感分析模型，以满足实际应用中的需求。此外，系统功能语言学还有助于拓展情感分析的应用领域。情感分析目前已经广泛应用于社交媒体分析、产品评论挖掘等领域。然而，随着技术的进步和应用场景的拓展，系统功能语言学可以进一步拓展这些应用领域。例如，在心理健康领域，可以通过分析个体的情感状态来预测和识别心理问题或疾病。在消费者行为分析中，可以挖掘消费者的情感倾向，从而指导产品设计和营销策略。同时，系统功能语言学也可以与心理学、社会学等学科交叉融合，共同推动情感分析的发展和应用。

　　在更广泛的自然语言处理领域，系统功能语言学的发展潜力同样显著。在话语分析和对话系统的发展中，系统功能语言学可以提供重要支持。该理论关注语言在交际中的功能，对话语结构和话语策略有深入研究。在自然语言处理领域，话语分析和对话系统是关键研究方向。将系统功能语言学应用于这些领域，可以更准确地理解对话中的意图、情感和关系，从而提升对话系统的性能和用户体验。例如，通过分析对话中的语篇结构和语用策略，可以改进对话系统的生成和理解能力，使其更加智能化和人性化。

　　系统功能语言学有助于推动多模态情感分析的发展。随着文本、图像、音频和视频等多模态数据的普及，多模态情感分析成为研究热点。系统功能语言学不仅关注文本本身，还关注文本与其他模态之间的相互作用。将这一理论应用于多模态情感分析，可以综合利用各种模态的信息，提高情感分析的准确性和可靠性。例如，通过融合文本和图像中的情感信息，可以更全面地理解情感表达的多样性和复杂性。

　　系统功能语言学还可以助力跨语言情感分析的研究。全球化背景下，跨语言情感分析具有重要的实际应用价值。系统功能语言学强调语言的普遍性和特殊性，为跨语言情感分析提供了理论支持。通过将不同语言的文本置于相同的理论框架下进行分析，可以揭示情感表达的共性和差异，为跨语言情感分析提供有效的方法和工具。例如，通过对不同语言中的情感表达进行比较分析，可以识别出跨语言的情感模式和差异，从而改进多语言情感分析模型的性能。

　　尽管系统功能语言学在情感分析和自然语言处理领域展现出巨大的发展潜力，但也面临一些挑战。首先，系统功能语言学理论较为复杂，需要深入理解其核心概念和方法。这要求研究人员具备扎实的语言学背景和跨学科视野。其次,将系统功能语言学应用于实际自然语言处理任务中需要解决一些技术难题,如有效提取和利用上下文信息、处理多模态数据等。此外,如何将系统功能语言学的理论与机器学习算法相结合,也是未来研究的一个重要方向。

然而,这些挑战同时也为系统功能语言学的发展提供了机遇。技术的不断进步和数据的不断积累为验证和完善系统功能语言学理论提供了更多机会和工具。跨学科的合作和交流也将推动系统功能语言学在自然语言处理领域的应用和发展。通过与计算机科学、心理学、社会学等学科的合作,可以共同解决技术难题,推动系统功能语言学的创新和发展。

展望未来,系统功能语言学在情感分析和自然语言处理领域的研究将不断深入。通过深化语境理解、提升细粒度情感分析能力、拓展应用领域、推动多模态情感分析和跨语言情感分析等方面的研究,系统功能语言学有望在情感分析和自然语言处理领域取得重要突破。同时,在教育、跨文化交际、人机交互和社交媒体分析等领域,系统功能语言学也具有广泛的应用前景。相信在技术不断进步和理论深入发展的推动下,系统功能语言学将在自然语言处理领域发挥越来越重要的作用,为人类语言交流和理解做出更大贡献。

参 考 文 献

[1] WANKHADE M，RAO A C S，KULKARNI C. A survey on sentiment analysis methods，applications，and challenges[J]. Artificial intelligence review，2022，55 (7):5731 – 5780.

[2] MEHBOOB S，ALI JAFAR ZAIDI S，RIZWAN M，et al. Sentiment base emotions classification of celebrity tweets by using R language[J]. Pakistan journal of engineering and technology，2020，3(2)：95 – 99.

[3] NASUKAWA T，YI J. Sentiment analysis：Capturing favorability using natural language processing[C]//Proceedings of the International Conference on Knowledge Capture – K – CAP '03，October 23 – 25，2003，Sanibel Lsland，FL，USA. New York：Association for Computing Machinery，2003：70 – 77.

[4] LIU B. Sentiment analysis and opinion mining[M]. Switzerland：Springer Nature，2022.

[5] LIU B. Sentiment analysis and opinion mining[M]. San Rafael：Morgan and Claypool，2012.

[6] LIU B. Sentiment analysis and subjectivity[M]// INDURKHYA N，DAMERAU F J. In handbook of natural language processing. 2nd ed. London：Chapman and Hall，2010：627 – 666.

[7] LIU B. Web data mining：exploring hyperlinks，contents，and usage data[M]. Berlin，Heidelberg：Springer，2011.

[8] LIU B，HU M Q，CHENG J S. Opinion observer：analyzing and comparing opinions on the Web[C]//Proceedings of the 14th international conference on World Wide Web-WWW'05，May 10 – 14，2005，Chiba，Japan. New York：Association for Computing Machinery，2005：342 – 351.

[9] 陈迪，程朗，王志锋，等. 论坛情感挖掘研究综述：现状、挑战与趋势[J]. 计算机工程与应用，2021(17)：17 – 28.

[10] 张宇. 语言学视角下的国内外情感研究现状与趋势分析(2011—2020)[J]. 外国语(上海外国语大学学报)，2022(1)：67 – 78.

[11] 李晶洁，胡奕阳，陶然. 基于情感倾向分析的语义韵强度算法探析[J]. 外国语(上

海外国语大学学报），2022(5)：65 - 74.

[12] 余本功，曹成伟. 基于 PRM - GCN 的方面级情感分析研究[J]. 数据分析与知识发现，2024,8(10)：54 - 65.

[13] 严豫，杨笛，尹德春. 融合大语言模型知识的对比提示情感分析方法[J]. 情报杂志，2023,42(11)：126 - 134.

[14] 吴旭旭，陈鹏，江欢. 基于多特征融合的微博细粒度情感分析[J]. 数据分析与知识发现，2023,7(12)：102 - 113.

[15] 李长荣，纪雪梅. 面向突发公共事件网络舆情分析的领域情感词典构建研究[J]. 数字图书馆论坛，2020(9)：32 - 40.

[16] 车思琪，李学沛. 评价系统视阈下中美企业致股东信情感话语对比分析：基于情感词典和机器学习的文本挖掘技术[J]. 外国语（上海外国语大学学报），2021，44(2)：50 - 59.

[17] 周红照. 形式语义知识驱动的中文伪情感句智能识别模型[J]. 外国语（上海外国语大学学报），2023(3)：13 - 20.

[18] 张云中，李佳书. 媒体型智库国际关系话题的情感分析：原理解析、工具构建与应用探索[J]. 情报科学，2023,41(7)：106 - 114.

[19] 王秀芳，盛姝，路燕. 一种基于话题聚类及情感强度的微博舆情分析模型[J]. 数据分析与知识发现，2018(6)：37 - 47.

[20] 赵薇. 数字时代人文学研究的变革与超越：数字人文在中国[J]. 社会科学文摘，2022(2)：11 - 14.

[21] PANG B, LEE L. Opinion mining and sentiment analysis[J]. Foundations and trends in information retrieval, 2008, 2(1/2)：1 - 135.

[22] SHUTOVA E, TEUFEL S, KORHONEN A. Statistical metaphor processing[J]. Computational linguistics, 2013, 39(2)：301 - 353.

[23] XIANG C L, REN Y F, JI D H. Identifying implicit polarity of events by using an attention-based neural network model[J]. IEEE access, 2019, 7：133170 - 133177.

[24] ZUO E G, ZHAO H, CHEN B, et al. Context-specific heterogeneous graph convolutional network for implicit sentiment analysis[J]. IEEE access, 2020, 8：37967 - 37975.

[25] LI Z Y, ZOU Y C, ZHANG C, et al. Learning implicit sentiment in aspect-based sentiment analysis with supervised contrastive pre-training[C]// Proceedings of the 2021 Conference on Empirical Methods in Natural Language Processing. Stroudsburg, PA, USA：Association for Computational Linguistics, 2021：246 - 256.

[26] 陆靓倩，王中卿，周国栋. 结合多种语言学特征的中文隐式情感分类[J]. 计算机科学，2023(12)：255 - 261.

[27] 张小艳,闫壮.融合大语言模型的三级联合提示隐式情感分析方法[J].计算机应用研究,2024(10):26-31.

[28] 李战子.评价理论在国际传播语境中的应用与拓展[J].外语研究,2022,39(2):1-6.

[29] 张德禄.系统功能语言学[J].中国外语,2011(3):3.

[30] HALLIDAY M A K. Systemic theory[M]//ASHER R E,SIMPSON J M Y. The encyclopedia of language and linguistics:Vol. 8. Oxford:Pergamon,1994:4505-4508.

[31] MATTHIESSEN C M I M. Appliable discourse analysis[M]//FANG Y,WEBSTER J. Developing systemic functional linguistics:theory and application. London:Equinox,2014:138-208.

[32] HALLIDAY M A K. Methods-techniques-problems[M]//HALLIDAY M A K,WEBSTER J. Continuum companion to systemic functional linguistics. London:Continuum,2009:59-86.

[33] 胡壮麟,朱永生,张德禄,等. 系统功能语言学概论[M]. 3版.北京:北京大学出版社,2017.

[34] MARTIN J R,WHITE P R R. The language of evaluation:appraisal in English[M]. Basingstoke,England:Palgrave Macmillan,2005.

[35] 房红梅. 论评价理论对系统功能语言学的发展[J]. 现代外语,2014(3):303-311.

[36] MARTIN J R,ROSE D. Working with discourse:meaning beyond the clause[M]. London:Continuum,2003.

[37] 徐玉臣.中国评价理论研究的回顾与展望[J]. 外语教学,2013(3):11-15.

[38] 胡文辉,余樟亚.语言评价理论的哲学基础[J]. 江西社会科学,2015(3):31-35.

[39] 朱永生. 概念意义中的隐性评价[J]. 外语教学,2009,30(4):1-5.

[40] HALLIDAY M A K,HASAN R. Language, context, and text:aspects of language in a social-semiotic perspective[M]. Victoria:Deakin University,1985.

[41] 朱永生. 语境动态研究[M]. 北京:北京大学出版社,2005.

[42] LINELL P. Discourse across boundaries:on recontextualizations and the blending of voices in Professional discourse[J]. Text interdiscip j study discourse,1998,18(2):143-158.

[43] FETZER A. Recontextualizing context:grammaticality meets appropriateness[M]. Amsterdam:J. Benjamins,2004.

[44] HU M Q,LIU B. Mining and summarizing customer reviews[C]//Proceedings of the Tenth ACM SIGKDD International Conference on Knowledge Discovery and Data Mining, August 22-25,2004, Seattle, WA, USA. New York:Association

for Computing Machinery, 2004:168 – 177.

[45] TABOADA M, BROOKE J, TOFILOSKI M, et al. Lexicon-based methods for sentiment analysis[J]. Computational Linguistics, 2011, 37(2): 267 – 307.

[46] ZHOU P, SHI W, TIAN J, et al. Attention-based bidirectional long short-term memory networks for relation classification[C]//Proceedings of the 54th Annual Meeting of the Association for Computational Linguistics (Volume 2: Short Papers). Stroudsburg, PA, USA: Association for Computational Linguistics, 2016: 2076 – 2086.

后　记

　　情感分析是计算机语言学中自然语言处理的核心课题之一。随着生成式人工智能的迅猛发展和大语言模型的普及,传统依赖算法基础、以概率统计为核心的情感分析方法逐渐暴露出一些不足,主要表现为算力消耗高、对隐性情感的分析精度不高,以及对篇章情感理解含混。这些问题的根源,在于计算机科学长期忽视与语言学理论的深度结合。迄今为止,仍有某些学者或多或少地重复自然语言处理先驱弗雷德里克·杰利内克(Frederick Jelinek)在1988年提出的一个观点:"每当我开除一个语言学家,语言识别系统就更准确了。"("Every time I fire a linguist, the performance of the speech recognizer goes up.")事实上,随着生成式大模型的日益普及,这个看法早已被用户的实际体验不断驳斥过。机器翻译也罢,智能问答也罢,还做不到完全像人一样具备情感,这是不争的事实。要让大模型有效理解和生成人类情感,必须深入探讨人类情感的本质,而人类情感最能通过语言这一系统性工具进行观察与表达。

　　本书的写作源自笔者5年前学习语料库翻译学过程中产生的疑问:在翻译与语言处理领域,统计方法是否具备人们常说的神奇力量?数据是否能够准确捕捉译文中的情感?情感标注为何如此之难?带着这些问题,笔者参阅了诸多研究成果,并逐步对情感分析产生了浓厚兴趣。

　　2023年,笔者在西安外国语大学攻读博士研究生期间,跟随西安外国语大学徐玉臣教授学习系统功能语言学,在学习社会符号学、语境、人际元功能和评价理论时,深入思考了困扰笔者多年的情感分析难题。在系统功能语言学,尤其是评价理论的框架下,情感分析的思路逐渐明晰。笔者将情感分析作为进一步探究的目标,并撰写了论文《隐式情感分析的系统功能语言学研究方法》,2024年初在第9届智能计算与信号处理国际学术会议(ISPS)上进行了宣读,并与自然语言处理领域的专家们广泛交流,获得了宝贵的反馈和建议。这更坚定了笔者将系统功能语言学理论对接到情感分析上来的想法。导师的指导更加坚定了笔者继续深入该领域的信念。

　　本书旨在探索情感分析的新路径,并为计算语言学和自然语言处理领域的情感分析提供一个崭新的理论语言学视角。所谓"路径研究",是指通过系统化的理论框架,探讨和分析情感分析现象的演变轨迹和发展趋势。在本书中,笔者从系统功能语言学的视角,深入剖析了情感的语言表现及其在不同语境中的功能,细致研究了话语范围、话语基调、话语方式等语境层面的情感表达,揭示了情感表达的复杂性与多样性。这一系统化的路径研究,旨在为情感分析提供理论支持,并为实践中的情感分析提供有力的工具与指导。

　　本书在以下方面取得了进展。首先,尝试将系统功能语言学的理论框架引入情感分析领域,为计算语言学中的情感分析提供了丰富的理论基础。其次,提出引入以态度、介入和级差为核心的评价理论,并结合语境、人际元功能等理论,对情感词典方法及机器学习进行观照。本书试图为情感分析提供一个细致而全面的分析路径。这一理论视角为情感研究提供了科学的依据和方法,使我们能够更精准地捕捉情感在语言中的微妙变化。

　　然而,笔者深知,本书仍存在一定的局限性。系统功能语言学理论博大精深,评价理论本身也在不断发展。虽然本书已取得一定成果,但在生成式人工智能日新月异的发展背景下,如何将语言学的深度研究与先进的计算技术相结合,仍是亟待解决的问题。期望随着语言大模型和生成式人工智能技术的普及,越来越多的研究者能够借鉴系统功能语言学及评价理论,为情感分析提供更多理论支持。在未来的研究中,也必将看到更多结合理论与实践的深入探讨,推动情感分析模型的不断完善与创新。